Knaur.

Von Jürgen Sprenzinger ist im
Knaur Taschenbuch Verlag ebenfalls erschienen:
Sehr geehrter Herr Hornbach. Um ein Haar hätte ich mich bei Ihnen beworben

Über den Autor:
Jürgen Sprenzinger, geboren 1949 in Augsburg, begann zwar schon als Kind zu dichten, doch
es sollte bis 1994 dauern, ehe sich der schriftstellerische Erfolg einstellte: Aus einer Schnaps-
idee heraus begann er »dusselige Briefe« zu schreiben, und das Buch, das daraus entstand,
wurde ein großer Bestseller: *Sehr geehrter Herr Maggi*. Es folgten die gleichfalls sehr erfolg-
reichen Titel *Lieber Meister Proper* und *Sehr geehrter Herr Hornbach*.

JÜRGEN SPRENZINGER

Sehr geehrtes
Finanzamt

*Mein Geld brauche
ich jetzt selber*

Eingaben an Behörden
und Verbände

KNAUR TASCHENBUCH VERLAG

www.sprenzi.de

Besuchen Sie uns im Internet:
www.droemer-knaur.de

Originalausgabe April 2011
Copyright © 2011 by Knaur Taschenbuch.
Ein Unternehmen der Droemerschen Verlagsanstalt
Th. Knaur Nachf. GmbH & Co. KG, München.
Alle Rechte vorbehalten. Das Werk darf – auch teilweise –
nur mit Genehmigung des Verlags wiedergegeben werden.
Umschlaggestaltung: ZERO Werbeagentur, München
Umschlagabbildung: UntitledOne productions inc./Gettyimages;
Burke/Triolo Productions/Brand X/Corbis; Gregor Schuster/Corbis
Satz: Wilhelm Vornehm, München
Druck und Bindung: CPI – Clausen & Bosse, Leck
Printed in Germany
ISBN 978-3-426-78396-2

2 4 5 3 1

Ein kurzes Vorwort

Dieses Buch entstand nicht rein zufällig – wie so manches meiner Humorbücher –, sondern war geplant. Wer meine beiden ersten Bücher *Sehr geehrter Herr Maggi* oder *Lieber Meister Proper* kennt, der weiß, dass ich stets versucht habe, Aussagen – besonders die der Werbung – aus oft kindlicher Sicht und in humoristischer Weise zu hinterfragen. Auch in meinem Buch *Sehr geehrter Herr Hornbach* habe ich das bei Stellenanzeigen gerne fortgesetzt.

Doch nicht nur die Werbung ist ein weites Feld, auch die Politik und die Behörden gehören dazu. Deutschland ist ein Land der Behörden, Verbände und Vereine, und oftmals könnte man deren Existenzberechtigung in Zweifel stellen oder deren Sinn hinterfragen – und viele davon dürften dem Steuerzahler lediglich Geld kosten. Übertreffen könnten uns vermutlich nur noch die Schweizer: Wussten Sie zum Beispiel, dass es in der Schweiz einen Verein zum Schutz der Gartenzwerge gibt?

Was mich oftmals überrascht hat: Viele Antworten von Behörden sind sehr humorig und wesentlich pfiffiger als die so mancher Firmen. Nun könnte man sich fragen, woran das liegen mag. Liegt es daran, dass Beamte einfach nur mehr Zeit haben als die Mitarbeiter der freien Wirtschaft? Vermutlich könnte es auch daran liegen, dass ein Beamter nichts produzieren muss, eigentlich keine »echte« Leistung vollbringt, die das Bruttosozialprodukt hebt, und somit auch nicht unter Erfolgszwang steht wie Angestellte, Arbeiter, Freiberufler oder Selbständige – sieht man einmal vom meist irrsinnigen Formular- und Papierkrieg ab, der oft in drei- bis vierfachen Durchschlägen stattfindet. Tut auch nichts zur Sache: Die Staatsdiener werden bekanntlich aus den Steuereinnahmen bezahlt – das Volk hat's ja –, und schließlich müssen diese Leute irgendwie beschäftigt werden, nicht wahr? Es ist eine erwiesene Tatsache: Der Amtsschimmel kommt nie zur Ruhe …

Egal, wie auch immer: Selbst wenn es fast unglaublich erscheint, Beamte haben eine Menge Humor, obwohl ihnen eine gewisse »Trockenheit« nachgesagt wird …

Wie schrieb ich bereits 1996 in *Sehr geehrter Herr Maggi*? Ich schrieb: »Abschließend bleibt mir nur, Ihnen lieber Leser, viel Spaß mit diesem Buch zu wünschen. Wenn Sie es mit derselben Freude lesen, wie ich sie beim Schreiben empfand, dann will ich zufrieden sein.«

Und das gilt immer noch.

Der Autor

Jürgen Sprenzinger
Normannenstr. 1
86368 Gersthofen OT Batzenhofen

Bundesamt für Strahlenschutz
Willy-Brandt-Straße 5

38266 Salzgitter

Batzenhofen, den 23. Juni 09

Sehr geehrte Damen und Herren!

Dieses Jahr hatte ich besonders starke Frühlingsgefühle. Das hat genau am 1. Mai
angefangen und dauert bis heute noch an, obwohl wir eigentlich schon Sommer
haben. Wahrscheinlich liegt das daran, dass die Sonne von Jahr zu Jahr stärker
strahlt, wegen der Klimaverschiebung, die nicht nur das Klima verschoben hat,
sondern auch in aller Munde ist. Ich habe sogar das Gefühl, dass die Klimaverschiebung auf meinem Balkon stärker ist als anders wo. Mein Nachbar, der drei
Häuser weiter wohnt zum Beispiel, merkt überhaupt nichts. Aber der merkt sowieso alles erst immer später. Der hat auch erst nach 4 Jahren gemerkt, dass seine
Frau fremd geht.
Ich hab auf meinem Balkon zwar einen Sonnenschirm, wollte aber fragen, ob Sie
mir einen Rat geben könnten. Nämlich, ob dieser Sonnenschirm ausreichend ist.
Er hat einen Umfang von 142 Zentimeter und eine Höhe von 192 Zentimeter (vom
Balkonboden aus gemeßen). Er ist übrigens rot-orange und hat oben einen weißen
Knuppel.
Jetzt meine Frage an Sie: Da Sie sich ja mit Strahlen gut auskennen, wollte ich
höflichst anfragen, ob ich Ihrer Meinung nach aufgrund der Umstände noch eine
Sonnencreme benutzen sollte und wenn ja, mit welchem Lichtschutzfaktor?
Können Sie mir eine besondere Marke empfelen?
Ich nehme staatliche Stellen nur ganz selten in Anspruch, aber da ich mit Ihrer
Kombedenz rechne, bin ich sicher, Sie können mir da helfen.

Ich danke Ihnen für Ihre Hilfe im vorhinein ganz herzlich und verbleibe
Hochachtungsvoll

| Verantwortung für Mensch und Umwelt |

 Bundesamt für Strahlenschutz

Bundesamt für Strahlenschutz, Postfach 10 01 49, 38201 Salzgitter

Herrn
Jürgen Sprenzinger
Normannenstraße 1

86368 Gersthofen, OT Batzenhofen

Bundesamt für Strahlenschutz
Willy-Brandt-Straße 5
38226 Salzgitter

Postfach 10 01 49
38201 Salzgitter

Telefon: 030 18333 - 0
Telefax: 030 18333 - 1885

E-Mail: ePost@bfs.de
Internet: www.bfs.de

Datum und Zeichen Ihres Schreibens:	Mein Zeichen:	Durchwahl:	Datum:
23.06.2009	Z 2-G	05882-987390	03. Juli 2009

UV-Strahlung

Sehr geehrter Herr Sprenzinger,

ich bedanke mich für Ihre Anfrage vom 23.06.2009, die aufgrund der Vielzahl der täglich eingehenden Zuschriften erst heute an meinem Arbeitsplatz bearbeitet und deshalb mit einer kleinen Verzögerung beantwortet wird.

Ihrer Beschreibung konnte ich entnehmen, dass Sie nicht nur ein feines Gespür für die Veränderungen in Ihrem Umfeld haben, sondern auch mit Bedacht möglichen Schaden durch Vorsorge begrenzen möchten.

Wenn Sie in Verbindung mit der Sonnenschirmnutzung trotzdem nach einem Aufenthalt auf Ihrem Balkon zu Hautrötungen neigen, empfehle ich Ihnen eine zusätzliche Nutzung von Sonnenschutzmitteln. Als Mitarbeiter einer Bundesbehörde kann ich Ihnen natürlich keine Marken empfehlen; in den letzten Tagen wurde jedoch aus Kreisen der Verbraucherberatung darauf hingewiesen, dass ein guter UV-Schutz nicht unbedingt mit einem hohen Preis einhergeht.

Bei Bedarf sollten Sie jedoch von einem Hautarzt Ihren Hauttyp bestimmen lassen und nach Empfehlung des Arztes dann den erforderlichen Lichtschutzfaktor auswählen.

Alle Informationsschriften zu unseren Themen können Sie auch im Rahmen unseres Internetangebotes einsehen und abrufen. Sie erreichen unseren Internet-Auftritt über die Seite: http://www.bfs.de

Ich hoffe, dass das beigefügte Material und meine Hinweise eine kleine Hilfe für Sie darstellen und verbleibe

mit freundlichen Grüßen
Im Auftrag
Alfred Jansen

Jürgen Sprenzinger
Normannenstr. 1
86368 Gersthofen OT Batzenhofen

Bundesanstalt für Milchforschung
Herrmann-Weigmann-Straße 1

24103 Kiel

Batzenhofen, den 30. April 2009

Sehr geehrte Damen und Herren!

Ich hab ein ernsthaftes Problem mit meiner Milch. Also genau genommen nicht mit
meiner Milch, sondern mit der von meiner Frau. Weil das ist nämlich so: Meine
Frau ist im 8ten Monat schwanger, und der Doktor hat gesagt, sie könne das kom-
mende Kind nicht stillen, weil ihr Busen zu klein wäre und sie sich deshalb schwer
täte mit dem Milcheinschuss. Wobei ich nicht verstehe, warum Milch eingeschos-
sen werden muss, denn bei Kühen geht das ja auch automatisch, wenn sie grasen.
Ich gebe zu, dass meine Frau nicht grast, ich hab das zumindest noch nie bei ihr
bemerkt, aber sie ißt unheimlich viel Gemüse und Salat, rote und gelbe Rüben, viel
Petersil und Schnittlauch. Da besteh ich drauf. Aber es funktionirt einfach nicht.

Weil ich nur wenig Geld hab, bin ich drauf angewiesen, dass meine Frau stillen
kann, denn ich tät mir eine Menge Geld sparen. Sie wissen selber, dass das
Aletezeug, aber auch die Erzeugnisse der Firma Hipp sehr teuer sind, der Milch-
preis geht auch ständig in die Höhe und schwankt, es ist schon beinahe so wie an
den Tankstellen, wo man heute nie weiß, was der Liter morgen kostet.

Ich nehm an, Sie als Milchforscher können mir sagen, was da verkert läuft und bitte
Sie ganz herzlich um Ihre Hilfe, weil wir brauchen die Milch von meiner Frau
unbedingt.

Herzlichen Dank für Ihre Hilfe im voraus.

Mit hochachtungsvollen Grüßen

Nachtrag

Jetzt hab ich denen so nett und lieb geschrieben und bekomme für mein schwerwiegendes Milchproblem keine Antwort! Schon für den kleinsten Hinweis wäre ich dankbar gewesen, denn in so einem Fall klammert man sich an den kleinsten Strohhalm …

Jürgen Sprenzinger
Dorfstraße 3

86441 Zusmarshausen

Alround Aktionsgemeinschaft
Luft- und raumfahrtorientierter Unternehmen
Josef-Wirmer-Straße 1-3

53123 Bonn

Zusmarshausen, 2. Dezember 2009

Sehr geehrte Damen und Herren,

mein Kumpel und ich haben uns in jahrelanger Arbeit, die uns sehr viel Schweiß gekostet hat, eine Raumstation gebaut. Wir haben die seit etwa 2 Jahren bereits im Garten aufgehängt und frei schwebend getestet.

Nun haben wir aber ein Problem. Wir wollen das Ding nun endlich ins All bringen. Ein Bekannter hat uns erzählt, dass es Sie gibt und dass Sie dazu Hilfestellung leisten könnten, weil Sie Kontakte vermitteln täten zu Firmen, die Trägerraketen herstellen.

Natürlich sollte das nicht zu teuer werden, eine einfache Rakete würde uns völlig ausreichen, es könnte auch eine Einmal-Rakete sein.

Selbstverständlich haben wir auch schon bei der NASA nachgefragt, aber die haben uns mitgeteilt, dass sie auf Jahre hinaus ausgebucht wären und auch keine kompletten Raumstationen befördern könnten, sondern nur Teile derselbigen. Aber stellen Sie sich das mal vor: Unsere Raumstation, die wir gebaut haben, hat eine Arbeits- und Wohnfläche von gut 300 Quadratmeter. Die fliegen da mindestens 5 bis 10mal und das ist natürlich zu teuer. Und dann stellt sich die Frage, wer baut das Ding dann da oben zusammen? Was mich betrifft, ich bin nicht schwindelfrei und nehm an, dass es mir sofort schlecht werden täte.

11

Ich und mein Kumpel würden uns sehr freuen, wenn Sie uns diesbezüglich einen Tipp geben könnten, weil wir die Raumstation bis spätestens im April 2010 oben haben wollen. Dass das dieses Jahr nicht mehr geht, sehen wir ein. Die Raumstation haben wir übrigens JF4548 getauft, weil mein Kumpel Franz heißt und er 45 ist und ich 48.

Wir wären Ihnen sehr verbunden, wenn Sie da was machen könnten.

Hochachtungsvoll mit kollegialen Grüßen

ALROUND e.V. | Josef-Wirmer-Str. 1-3 | 53123 Bonn

Herrn
Jürgen Sprenzinger
Dorfstr. 3

86441 Zusmarshausen

Jens Janke
Geschäftsführer
Tel.: +49 228 24975-0
Fax: +49 228 24975-29
info@alround.de

Bonn, 23.12.2009

Start Ihrer Raumstation JF4548

Sehr geehrter Herr Sprenzinger,

zunächst beglückwünschen wir Sie und Ihren Kollegen zur Fertigstellung Ihrer Raumstation JF4548. Gerne unterstützen wir Sie auf Ihrem Weg ins All.

Aufgrund der von Ihnen beschriebenen Ausmaße Ihrer Raumstation von ca. 300 m² und Ihrem beschränkten finanziellen Budget liegt die Vermutung nahe, daß einzelne, konventionelle Trägerraketen nicht für einen Start Ihrer Raumstation in Frage kommen. Die Rückmeldungen der NASA bestätigen dieses ebenfalls. Für Ihren Fall müssen neue, innovative Lösungen her.

Wir empfehlen Ihnen daher zwei, zugegebenermaßen bisher noch nie zur Anwendung gekommene Starttechniken, um Ihre Raumstation ins All zu befördern:

1. Der Zeitungsbogenstart
So sollten Sie vorgehen: Wählen Sie sorgsam einen großen Doppelbogen einer Tageszeitung, vorzugsweise aus dem Wirtschaftsteil. Legen Sie Ihre Raumstation darauf. Die Zeitung hebt die Station nun ca. 0,1mm in die Höhe. Falten Sie den Bogen in der Mitte, schon hat sich die Höhe verdoppelt auf 0,2mm. Und nun noch einmal: 0,4mm. Keine Angst, Herr Sprenzinger, daß erscheint sehr wenig, ist aber für den Anfang notwendig. Lassen Sie sich nicht entmutigen und falten Sie weiter, Franz kann Ihnen helfen. Sie werden sehen, nach 15-maligem Falten habe Sie mehr als 3 m Höhe erreicht. Nun wird es aber schnell ab nach oben gehen. Falten Sie insgesamt 32 mal und Ihre Raumstation ist in Orbithöhe. Bei Bedarf ziehen Sie einen Mathematiker zur Hilfe, der Ihnen die Erreichbarkeit des Mondes und der Planeten ausrechnet.

Aktionsgemeinschaft
luft- und raumfahrtorientierter
Unternehmen in Deutschland e.V.
Josef-Wirmer-Str. 1-3, Gebäude B
53123 Bonn, Deutschland
Tel.: +49 228 24975-0
Fax: +49 228 24975-29
info@alround.de, www.alround.de

Ust-Nr.: 206/5887/0020
VAT-Nr.: DE1234 89339
Vereinsregister Bonn 20 VR 6717
Sparkasse KölnBonn
BLZ 370 501 98
Konto-Nr.: 11 11 21 90
IBAN DE68 3705 0198 0011 1121 90
SWIFT-BIC COLSDE33

Geschäftsführer: Jens Janke
Vorstand:
Dr. Gerhard Kaster (Vorsitzender)
Oliver Bär (stellvertretender Vorsitzender)
Oliver Kloth
Dr. Hartmut Kräwinkel
JF4548.doc
Seite 1

2. Der Recyclingstart

Zur Jahreswende werden wieder unzählige Feuerwerksraketen in den Himmel geschossen. Bekanntlicherweise werden einige Raketen in der Silvesternacht in der Dunkelheit verloren und nicht gezündet. Diese sind an Neujahr begehrte Sammelobjekte von Jugendlichen für einen späteren Start. Sie könnten mit Ihrem Kollegen Franz etwas früher am Neujahrsmorgen aufstehen und ebendiese Raketen einsammeln, bündeln, an Ihrer Raumstation befestigen und auf einmal zünden. So kämen Sie zu dem von Ihnen gewünschten Start mit Einmalraketen, der bis Ende April 2010 machbar sein sollte.

Wir raten, darauf zu achten, daß nur zugelassene Raketen zum Einsatz kommen und die einschlägigen Sicherheitsvorschriften beachtet werden. Fachleute empfehlen weiterhin Modelle mit rotem Leuchteffekt: im Gegensatz zur Ausführung „azurblau" sehen Sie auch bei Tage einen roten Leuchtblitz, wenn die von Ihnen durch Anzahl der Raketen eingestellte Höhe Ihrer Raumstation erreicht ist. Über die Anzahl der notwendigen Raketen haben wir im Team keine endgültige Einigkeit erzielen können: probieren Sie doch einfach aus.

Wir hoffen, Ihnen mit diesen Überlegungen geholfen zu haben und wünschen viel Spaß mit der Raumstation JF 4548. Bitte denken Sie auch an die Einhaltung der Verkehrsregeln im Orbit. Hier sollten Ihnen das Verkehrsministerium oder jeder gute Anwalt Auskunft geben können.

Mit freundlichen Grüßen

Jens Jantke
Geschäftsführer

Jürgen Sprenzinger
Dorfstraße 3
86441 Steinekirch

Auto- und Reiseclub Deutschland e. V.
Oberntiefer Straße 20

91438 Bad Windsheim

Steinekirch, 23. Juni 2010

Sehr geehrte Damen und Herren!

Seit ungefähr 6 Jahren waren meine Frau und ich nicht mehr in Urlaub, weil wir es uns überhaupt gar nicht leisten haben können. Erst dieses Jahr geht es wieder. Jetzt haben wir aber das Problem, dass wir nicht wissen, wo wir hinfahren sollen. Wir haben schon überlegt, ob wir nicht in die Türkei fahren sollten, aber da fühlen wir uns ja fast wie zuhause. Portugal und Spanien sind pleite, Griechenland ebenso, England, Irrland und Italien stehen auf der Kippe. Jetzt frage ich Sie: Wo kann man da heutzutage noch hinfahren? Oben im Norden, also in Schweden, Dänemark und Finnland, ist es uns zu kalt, und nach Amerika kommen wir mit dem Auto niemals, außerdem ist uns das zu teuer, weil der Dollarkurs momentan ziemlich niedrig steht, ich glaub, so bei 1,23 oder so.

Jetzt hab ich mir gedenkt, ich frag mal bei Ihnen nach, ob Sie uns nicht einen Tipp geben könnten. Wir sind zwar keine Mitglieder, aber wenn wir einen guten Tipp von Ihnen erhalten, dann werden wir natürlich sofort Mitglied.

Vielleicht wären Sie ja so nett und täten uns bei dieser Entscheidung helfen, denn mit meiner Frau allein krieg ich das nie gebacken.

Für Ihre Hilfe besten Dank im Vorhinein.

Hochachtungsvollst

Auto & Reise Touristik GmbH • Kornmarkt 1 • 91438 Bad Windsheim

**Herr
Jürgen Sprenzinger
Dorfstrasse 3
86441 Steinekirch**

Kornmarkt 1
91438 Bad Windsheim
Postfach 241
91425 Bad Windsheim
Telefon 0 98 41/6 85 51 10
Telefax 0 98 41/6 85 51 25
E-Mail-Adresse:
info@arcd-reisen.de

Bad Windsheim, 29.06.2010

Sehr geehrter Herr Sprenzinger,

wir bedanken uns sehr herzlich für Ihre Anfrage in unserem Clubreisebüro bezüglich Ihrer geplanten Reise.

Gerne möchten wir Ihnen bei Ihrer Reiseplanung behilflich sein. Sicherlich ist es nicht einfach, das perfekte Ziel zu finden. Hier sind natürlich Ihre Wünsche und die Ihrer Frau entscheidend.
So können Sie mit dem Auto per Fähre z.B. nach England/ Schottland oder Irland fahren und dort Ihre ganz individuell zusammengestellte Rundreise unternehmen. Bis mitte September haben wir noch schönes Wetter.

Wünschen Sie jedoch Sonnenschein und Strand, so bietet sich eine Autoreise nach Italien, Frankreich oder Kroatien an. Hier ist zu beachten, dass Sie in Kroatien- Istrien vorwiegend Steinstrände haben. Gerne können wir Ihnen Ferienwohnungen mit Selbstverpflegung oder auch Hotels mit Halbpension oder all inklusive anbieten.

Ein wunderschönes Ziel und nicht zu weit ist z.B. auch Österreich oder die Schweiz. Hier können Sie in traumhafter Natur in Bergseen baden oder auch kulturell einiges unternehmen.

Entscheiden Sie sich für eine Flugreise, so können wir Ihnen gerne verschiedene Angebote für die Türkei vermitteln. Hier können Sie meist bis Ende Oktober noch mit schönem Wetter rechnen. Alternativ hierzu ist auch Bulgarien oder Tunesien sehr preisgünstig. Dies ist jedoch auch abhängig von Ihrem Reisetermin.

In den beiliegenden Katalogen finden Sie die Angaben zu den verschiedenen Preisen und Angeboten. Wenn Ihnen beim „durchschmökern" noch weitere Ziele gefallen, so werden wir Sie gerne beraten wenn Sie uns Ihre Wünsche und Fragen wissen lassen.

Geschäftsführung:
Jürgen Dehner, Christian Wolf

Handelsregister
Fürth/Bay. HRB 4950

Bankverbindung: Sparkasse Bad Windsheim
Kto.-Nr. 221 010 051 (BLZ 762 510 20)

Geben Sie uns für ein konkreteres Angebot folgende Daten durch:

- Reisetermin und Aufenthaltsdauer
- Urlaubswünsche und Vorstellungen zur geplanten Reise
- Maximaler Reisepreis pro Person
- Verpflegungsleistung
- Anreise mit Auto oder Flug

Rufen Sie uns an oder schicken Sie uns ein Fax oder eine Email mit diesen Daten unter Angabe einer Ruf- bzw. Faxnummer oder einer Email Adresse. Wir werden Sie dann schnellstmöglich kontaktieren.

Wir würden uns sehr freuen, Ihnen bei Ihrer Buchung behilflich sein zu dürfen und wieder von Ihnen zu hören.

Gerne würden wir Sie auch als ARCD- Mitglied begrüßen. Bedenken Sie, dass Sie als ARCD- Mitglied außerdem noch bei Buchung in unserem Clubreisebüro einen Clubbonus von **drei Prozent** auf den Reisepreis erhalten.
(für das ARCD- Mitglied, eine Begleitperson sowie die minderjährigen Kinder)

Wir verbleiben

Mit freundlichen Grüßen

A&R Touristik

Annette Derrer

Jürgen Sprenzinger
Dorfstraße 3
86441 Steinekirch

Bundesverband Altöl
Pirschgang 42

15745 Wildau

Steinekirch, 27. Juli 2010

Sehr geehrte Damen und Herren,

ich schreib Ihnen deswegen, weil ich ein Problem hab.
Seit ungefähr 10 Jahren ess ich leidenschaftlich gern Ölsardinen. Das Öl hab ich
die erste Zeit weggeschüttet, bis mir mein Nachbar erzählt hat, dass selbiges strafbar wäre.
Darauf hin hab ich das Öl im Keller in einem Fass gesammelt, aber da ich sehr viel
Ölsardinen ess, wird das Öl immer mehr, und demnächst läuft mein Fass ganz
sicher über.
Jetzt hab ich mir gedenkt, ich könnte das Altöl vielleicht zu Ihnen hinschicken
zwecks Entsorgung desselbigen. Sie können damit sicherlich mehr anfangen als ich
und es gegebenenfalls einer Wiederverwertung zuführen.
Ich hab mir auch schon überlegt, ob ich dieses Öl nicht vielleicht in den Heizöltank
schütten soll, weiß aber dann auch nicht, was passiert und ob das auch sauber ver-
brennt, und dann krieg ich wieder Schwierigkeiten mit dem Kaminkehrer, wenn es
vielleicht zu arg rußt.

Ich könnt Ihnen das Fass sofort schicken, die Transportkosten übernehm ich natürlich, denn Sie können ja nichts dafür, dass ich so viele Ölsardinen ess.
Bitte geben Sie mir Bescheid, wann ich das Fass anliefern kann. Es handelt sich
übrigens um ein Barrel mit 158,987 Liter drin, und ich denk, damit können Sie
schon was anfangen.

Mit freundlichen Grüßen

Nachtrag

Aufgrund fehlender Antwort habe ich mein Ölsardinen-Öl-Fass immer noch im Keller, das Essen von Ölsardinen aber wegen Überlaufgefahr aufgegeben …

Jürgen Sprenzinger
Dorfstraße 3
86441 Steinekirch

Arbeitsgemeinschaft Verpackung
und Umwelt
Hausvogteiplatz 2

10117 Berlin

Steinekirch, 23. Juni 2010

Sehr geehrte Damen und Herren!

Meine Frau hat in 2 Wochen Geburtstag und ich ein Problem. Für selbiges bitte ich
Sie um Ihren Rat. Entschuldigen Sie bitte, wenn ich Sie damit belästige, aber ein
Bekannter hat gesagt, ich könnte mich in dieser Angelegenheit an Sie wenden.

Das ist nämlich jetzt so: Ich hab ein Geschenk gekauft. Ein etwas größeres. Also
um genau zu sein, es handelt sich um ein Fahrrad mit einer 10-Gang-Schaltung. Ein
Leichtlaufrad aus Aluminium. Dieses besagte Fahrrad muss ich natürlich nett ver-
packen, denn meine Frau besteht bei allem, was sie kauft oder geschenkt bekommt,
auf einer ordentlichen Verpackung.

Und das ist das eigentliche Problem: Können Sie mir sagen, wie man ein Fahrrad
möglichst nett verpackt? Vor allem sollte die Verpackung natürlich auch umwelt-
freundlich sein und reseiclingfähig, damit die Umwelt nicht belastet wird damit,
weil ich nämlich ein verantwortungsbewusster Bürger bin.

Oder gibt es vielleicht spezielle Schmuckkartons für Fahrräder? Ich hab zwar schon
bei meinem Fahrradhändler, bei dem ich das Fahrrad gekauft hab, nachgefragt, aber
der hat gesagt, er sei nur ein Fahrradhändler, verkaufe nur Fahrräder, aber keine
Verpackungen für Fahrräder und er wüsste angeblich nicht, wo Verpackungen für
Fahrräder zu kaufen gäbe, weil er nur ein Fahrradhändler sei, aber kein Fahrrad-
verpackungsspezialist.

Deshalb wende ich mich nun vertrauensvoll an Sie, mit der inbrünstigen Bitte, mir diesbezüglich unter die Arme zu greifen.

Vielen Dank im Vorhinein.

Mit freundlichen Grüßen

Jürgen Sprenzinger
Dorfstraße 3
86441 Steinekirch

Berlin, 29. Juni 2010

Lieber Herr Sprenzinger,

vielen Dank für Ihre Anfrage nach einer Verpackung für Fahrräder. Leider können wir Ihnen in diesem Punkt nicht behilflich sein, denn wir sind ein Spezialverband für funktionierende Kreislaufwirtschaft und Verpackungen. Wir betreuen unsere Mitgliedsunternehmen, vertreiben aber keine Waren.

Ich habe in einer ruhigen Minute aber einmal im Internet geschaut, wo es Kartonverpackungen für Fahrräder zu erwerben gibt. Vielleicht wenden Sie sich an die Firma Kartonfritze !!, Carl Evers oHG, Seeburger Str. 13/14, 13581 Berlin, Tel. 030/351 95 60.

Diese Firma vertreibt Fahrradkartons, die passend sind für alle üblichen Fahrräder mit Pedalen. Wenn Sie sich so einen Karton schicken lassen, könnten Sie diesen vielleicht selbst gestalten, in dem sie in mit schönen Bildern bekleben oder einfach kunstvoll bemalen.

Ich wünsche Ihnen viel Erfolg,

herzliche Grüße

Katrin Fricke
Servicestelle

Jürgen Sprenzinger
Dorfstraße 3
86441 Steinekirch

Verband Deutscher Mineralbrunnen e. V.
Kennedyallee 29

53175 Bonn

Steinekirch, 28. Juni 2010

Sehr geehrte Damen und Herren!

Hiermit teile ich Ihnen mit, dass ich bei mir im Keller einen Brunnen entdeckt hab. Er war bis jetzt zugemauert, und nur durch Zufall, weil ich ein Weinregal einbauen wollte, bin ich da dahintergekommen.

Der Brunnen ist gemauert, die genaue Tiefe ist mir unbekannt, das Wasser ist klar und sprudelt wie Mineralwasser. Ich habe davon getrunken. Es schmeckt ungefähr so wie Appolinaris. Da es sich um ein altes Haus handelt, ist zu vermuten, dass dieser Brunnen bereits ein paar hundert Jahre alt ist und seit langer Zeit nur im Verborgenen gesprudelt hat.

Meine Frau hat gemeint, dieses Wasser sei zu schade zum Trinken, und nach einiger Überlegung kamen wir auf die Idee, ein Mineralbad zu eröffnen, da es so etwas hier in unserem Dorf noch nicht gibt, zudem könnte die gesamte Gemeinde davon provitieren. Wir könnten das vermarkten wie früher der Sebastian Kneipp sein Bad Wörishofen. Das ganze wäre wahrscheinlich ein riesen Geschäft. Nebenbei planen wir auch noch die Herstellung und den Verkauf von Heilkräutern, weil selbige hier an jeder Ecke wachsen. Allerdings kennen wir uns da noch nicht so richtig aus, aber Gott sei Dank gibt es ja ein Internetz.

Jetzt meine Frage an Sie: Könnten Sie mir netterweise mitteilen, welche Voraussetzungen ich benötige, um meinen Mineralbrunnen öffentlich zu machen? Ich nehm an, ich brauch da auch eine fachliche Beratung, denn was Mineralbrunnen anbelangt, bin ich ein absoluter Depp, und bitte Sie deshalb um Auskunft für die ersten Schritte, die ich da unternehmen muss.

Für Ihre Mühe herzlichen Dank!

Hochachtungsvollst

Verband Deutscher Mineralbrunnen e.V.

Kennedyallee 28 · 53175 Bonn
Postfach 26 01 05 · 53153 Bonn
Tel. 02 28-95 99 00 · Fax 02 28-37 34 53
info@vdm-bonn.de
www.vdm-bonn.de

Herrn
Jürgen Sprenzinger
Dorfstr. 3
86441 Steinekirch

06.07.2010
Dr. Do/U
Sprenzinger.doc

Sehr geehrter Herr Sprenzinger,

vielen Dank für Ihr Schreiben vom 28. Juni.

„Natürliches Mineralwasser" ist gesetzlich definiert und hat hohe Anforderungen zu erfüllen. Näheres können Sie der *Mineral- und Tafelwasserverordnung* (MTV) sowie der dazugehörigen *Allgemeinen Verwaltungsvorschrift zur MTV* entnehmen. Sie finden sie z.B. auf unserer Internet-Seite www.mineralwasser.com . Insbesondere muss natürliches Mineralwasser amtlich anerkannt sein, bevor es in Verkehr kommen darf.

Eine wirtschaftliche Nutzung einer Quelle als Mineralwasser-Quelle ist nur bei einer entsprechenden Schüttung, also Entnahme-Menge, sinnvoll. Die scheint hier nicht gegeben zu sein. Da Sie offensichtlich ganz und gar bei Null anfangen, sollten Sie, selbst für eine nur kleine Mineralwasser-Abfüllung, mit einer Investitions-Summe von mehreren Millionen Euro rechnen.

Mit freundlichen Grüßen

Dr. Dopychai

Jürgen Sprenzinger
Dorfstraße 3
86441 Steinekirch

Deutscher Zigarettenverband
Unter den Linden 42

10117 Berlin

Steinekirch, 24. Juli 2010

Sehr geehrte Damen und Herren!

Seit dem Jahre 1965 rauche ich. Ich habe vermutlich schon viel Geld in blauen Dunst aufgehen lassen. Bislang hat es mir aber immer geschmeckt.

Ich habe meine Zigaretten immer entweder im Automaten besorgt, oder wenn ich kein Kleingeld gehabt hab, an der Tanke. Aber in den letzten Jahren wurden die Zigaretten immer teurer, was eigentlich eine Schweinerei ist.

Jetzt meine Frage an Sie: Sie kennen doch bestimmt Quellen, wo es billige Zigaretten gibt, nehme ich an. Wobei ich natürlich nicht an illegale Quellen oder gar Schmuggel denke, sondern eher an einen Werks- oder Fabrikeinkauf, um den Handel zu umgehen, weil der verdient an den Zigaretten ja auch ein ganze Menge.
Das Gleiche gilt natürlich auch für meine Zigarren. Ab und zu, wenn wir ein Familienfest haben, dann rauche ich immer auch eine Zigarre. Wobei mir hier der Preis egal ist, da Familienfeste nicht so oft vorkommen. Schon weil ich zwei Tanten hab, die Tante Margarete und die Tante Ella, die ich überhaupt nicht mag, weil es nämlich scheinheilige Schlangen sind, die vorne freundlich ins Gesicht tun, und hintenrum wird man dann ausgerichtet. Aber ich sag Ihnen: Am Sonntag stehen die beiden dann in der Kirche garantiert in der vordersten Bank und flirten mit dem Pfarrer! Auch mein Onkel Hans ist auch ein alter Depp geworden und erzählt einem immer das Gleiche. Da sollten Sie mal dabei sein, dann würden Sie mir beistimmen, wenn ich sage, dass Dreiviertel meiner Verwandtschaft aus Idioten besteht. Aber ich kann da ja auch nichts dafür, ich wurde als unschuldiges Kind da einfach hineingeboren.

Aber eigentlich wollte ich Ihnen das gar nicht schreiben, das ist mir nur so herausgerutscht. Doch vielleicht können Sie mir eine Adresse nennen, wo ich meine Zigaretten etwas billiger bekomme. Dafür wäre ich Ihnen sehr dankbar und täte Sie auch weiterempfehlen.

Hochachtungsvoll

Jürgen Sprenzinger

Nachtrag

Ich komme ums Verrecken einfach nicht an billige Zigaretten …

Jürgen Sprenzinger
Dorfstraße 3
86441 Steinekirch

Verband Deutscher Großbäckereien e. V.
In den Diken 33

40472 Düsseldorf

Steinekirch, 3. Juli 2010

Sehr geehrte Damen und Herren Bäcker,

nächsten Monat wird meine Frau 70 Jahre alt, was ich nie geglaubt hätte. Sie hat ihr Leben lang immer gerne Semmeln und Brezen gegessen. Ich glaube, sie hat im Lauf unserer Ehe so ungefähr 12 000 Brezen und so um die 23 000 Semmeln gegessen. Ich hab den leisen Verdacht, sie ist eine Semmel- und Brezenfetischistin. Ein Brot hab ich sie noch nie essen sehen.

Und genau aus dem Grund hab ich mir gedacht, ich mach ihr zum Geburtstag nächsten Monat eine besondere Freude und schenk ihr eine Semmel in Übergröße. Ich brauch eine Semmel mit einem Kreisdurchmesser von zirka 15,4 Meter Radius und einer Höhe von ungefähr 4 Meter 40 oder so, weil die Rasenfläche meines Gartens nur so groß ist, weil ich möchte die Semmel in den Garten legen, und wenn sie dann am Morgen auf der Terrasse frühstückt, dann müsste sie so überrascht sein und erfreut, dass sie sich sofort auf die Semmel stürzt und anbeißt.

Beim hiesigen Bäcker habe ich bereits nachgefragt, aber bei dem ist der Backofen zu klein, und er hat mir geraten, mich an eine Großbäckerei zu wenden. Aber leider kenn ich überhaupts gar keine Großbäckerei, und deshalb schreib ich an Sie, weil ich Sie zufällig im Internet gefunden hab.

Können Sie mir eine Großbäckerei nennen, die eine solche Riesensemmel backen kann? Und was kostet so eine Semmel? Wie lange ist die Lieferzeit?

Vielleicht können Sie mich diesbezüglich unterstützen, weil ich bin da leicht überfordert und steh in dieser Angelegenheit da wie ein Depp. Dafür wäre ich Ihnen sehr dankbar.

Da meine Frau schon nächsten Monat Geburtstag hat, wär die Sache natürlich relatif eilig.

Für Ihre Hilfe im Vorhinein besten Dank.

VERBAND DEUTSCHER GROSSBÄCKEREIEN e.V.

Herrn
Jürgen Sprenzinger
Dorfstraße 3
86441 Steinekirch

7. Juli 2010
Ju-Ja

Sehr geehrter Herr Sprenzinger,

vielen Dank für Ihren Brief vom 3. Juli 2010. Der 70. Geburtstag ist in der Tat ein Grund für ein besonderes Geschenk und es freut uns natürlich, dass Sie Ihrer Frau eine Riesensemmel schenken wollen. Ich fürchte aber, dass die von Ihnen angegebenen Maße von keinem Bäcker erfüllt werden können, abgesehen davon, dass ich mich natürlich frage, wann Ihre Frau diese Semmel bzw. auch nur einen kleinen Teil davon essen soll….

Der Begriff „groß" in der Bezeichnung Großbäckereien bezieht sich im Übrigen nicht auf die Größe der Produkte, sondern auf die Größe der Bäckerei.

Ich bin sicher, dass es Ihnen gelingen wird, Ihrer Frau ein ansprechendes Geschenk zu Füßen bzw. auf den Rasen zu legen.

Mit freundlichen Grüßen

Armin Juncker
Geschäftsführer

In den Diken 33 • 40472 Düsseldorf • Tel. (02 11) 65 30 86 • Fax (02 11) 65 30 88
Internet: http://www.grossbaecker.de • eMail: info@grossbaecker.de

Jürgen Sprenzinger
Dorfstraße 3
86441 Steinekirch

Lesbenring e. V.
Postfach 110214

69071 Heidelberg

Steinekirch, 25. Juli 2010

Sehr geehrte Damen und Herren!

Ich bin zwar nicht lesbisch, dafür aber von Geburt an homosexuell, da ich leider ein Mann bin, was ich gerne ändern würde, doch leider ist das nur durch eine komplizierte Operation möglich, die ich mir nicht antun will.

Da es für Männer keine ähnliche Einrichtung gibt, wollte ich hiermit anfragen, ob es nicht möglich wäre, bei Ihnen Mitglied zu werden. Ich bin sehr feministisch veranlagt, kann kochen (meine Spezialität ist Kartoffelsalat mit Gurke drin), putzen, waschen und bügeln, ich staubsauge und reinige auch mein Bad. Zudem reinige ich meinen Körper (selbst in den verstecktesten Ritzen) täglich und benutze Parfüm und Deodorant.

Es wäre eine große Ehre für mich, für Sie als Mitglied tätig zu werden, und würde mich sehr freuen, wenn Sie mich in Ihren Kreis aufnehmen würden.

Ganz liebe Küsschen und Grüßchen

Herzlichst

Nachtrag

Nachdem dieser Brief nicht beantwortet wurde, habe ich beschlossen, lesbisch zu werden, weil ich zu dem Schluss kam: Alle Männer sind gleich – ich möchte keinen …

Jürgen Sprenzinger
Dorfstraße 3
86441 Steinekirch

Bundesvereinigung Sadomasochismus e. V.
Postfach 440 630

12006 Berlin

Steinekirch, 19. Juni 2010

Sehr geehrte Damen und Herren,

ich schäme mich zwar, schreibe Ihnen aber trotzdem, weil ich da nämlich ein massives Problem hab, das sich ganz langsam schleichend in mein Leben geschlichen hat. Es geht um folgendes:

Meine Frau und ich leben auf dem Land. Auf dem Land gibt es nicht nur statistisch mehr Fliegen als in der Stadt, sondern auch in der Realität. Die naheliegende Folgerung aus dieser Tatsache war zunächst die Anschaffung einer Fliegenklatsche. Und das war der Anfang von meinem Problem, das ich Ihnen unbedingt schildern muss, vielleicht können Sie mir ja helfen.

Es begann also mit der Anschaffung einer Fliegenklatsche. Die Fliegen ließen natürlich nicht lange auf sich warten, und eine setzte sich auf meinen nackten Rücken. Meine Frau, geistesgegenwärtig, wie sie nun einmal ist, nahm blitzartig die Fliegenklatsche und schlug zu. Sofort durchzuckte mich ein brennender Schmerz, und danach wurde mir es unwahrscheinlich komisch, was aber gar nicht unangenehm war. Im Gegenteil: Ich war unheimlich stimuliert und fühlte mich wie ein junger Stier. Meiner Frau war das natürlich sehr recht.

Kurz und gut: Seit dieser Zeit brauche ich immer regelmäßig meine Haue mit der Fliegenklatsche, erst dann bin ich in der Lage, na ja, Sie wissen schon. Es ist zwischenzeitlich auch völlig wurscht, auf welchen Körperteil mich meine Frau haut, Hauptsache ist, sie trifft. Der angenehme Nebeneffekt dabei ist, dass wir kaum mehr Fliegen im Haus haben.

Trotzdem wird das alles langsam, aber sicher für mich zum Problem, weil ich inschtinktiv weiß, dass das eigentlich nicht in Ordnung ist. Und deshalb schreibe ich an Sie mit der Bitte um Beantwortung der Frage, ob das normal ist oder ob ich ärztliche Hilfe in Anspruch nehmen soll.

Übrigens haben wir zwischenzeitlich etwa 30 Fliegenpatschen im Haus. Rote, grüne, gelbe und blaue, sogar eine pinkfarbene. Es ist wie eine Sucht – möglicherweise hab ich zwischenzeitlich einen an der Klatsche. Ihre neutrale Meinung hierzu wäre mir sehr wichtig.

Für Ihre Hilfe danke ich Ihnen im Vorhinein.

Mit freundlichen Grüßen

BVSM e.V., Postfach 44 06 30, 12006 Berlin

An
Jürgen Sprenzinger
Dorfstrasse 3

86441 Steinekirch

25. Juli 2010

Ihr Schreiben vom 19. Juni 2010

Sehr geehrter Herr Sprenzinger,

vielen Dank für Ihr Schreiben und Ihr Interesse an der BVSM, doch leider sind wir für Ihr Anliegen nicht der richtige Ansprechpartner.

Wir empfehlen Ihnen, sich an verschiedene Hersteller von Fliegenklatschen zu wenden. Dort wird man Sie sicherlich – aufgrund Ihrer bereits reichhaltigen Erfahrung - als Produkttester engagieren.

Sollten Sie dann einmal Testmaterial zuviel haben, können Sie es sicherlich in einem Fan-Shop - beispielsweise unter
http://sprenzi.de
anbieten.

Falls der Ertrag aus dem Fliegenklatschenverkauf entsprechend gut anläuft, würden wir uns über eine Spende freuen.
Ansonsten empfehlen wir die Anfertigung einer Fliegenklatsche aus Leder. Diese sind wesentlich robuster, nehmen weniger Platz weg und erzeugen beim Auftreffen ein schönes Geräusch.

Wir nehmen die Belange unserer Mitglieder, bzw. aller am BDM interessierten Mitmenschen Ernst und haben immer ein offenes Ohr.

Wir haben aber über Ihr Schreiben sehr schmunzeln müssen und hoffen, dass Sie Herrn Maggi und Meister Propper recht herzlich von uns grüßen.

Mit freundlichen Grüssen

i.A. M.Burgheim
BVSM.eV

PS: Wir freuen uns auf die Veröffentlichung Ihres Schreibens und unserer Antwort in einem Ihrer nächsten Bücher.

Jürgen Sprenzinger
Dorfstraße 3
86441 Steinekirch

Bundesumweltministerium
Herrn Bundesumweltminister
Dr. Norbert Röttgen

11055 Berlin

Steinekirch, 24. Juli 2010

Sehr geehrter Herr Bundesumweltminister!

Früher war es ja so, dass wir als Kinder mit Dampfmaschinen gespielt haben, was für die heutigen Kinder allerdings ein alter Hut ist. Deswegen bin ich gerade dabei, meinem 10jährigen Klausi einen kleinen Atomreaktor zu basteln, den er dann an Weihnachten unter dem Christbaum finden soll. Das Problem dabei ist, dass der Reaktor dann an Weihnachten fertig ist, aber ich hab keinen Brennstoff dafür, und wenn der Bub den Reaktor dann nicht in Betrieb nehmen kann, gibt es wieder ein Geplärr. Das hatte ich übrigens voriges Jahr auch schon, als ich aus Versehen alte Batterien in sein Spielzeugauto getan hab.

Kurz und gut: Ich bräuchte für den Reaktor von Klausi ein paar Kilogramm Pellets aus Urandioxyd zum Befüllen der Brennstäbe. Ich nehme an, dass ich dafür eine Sondergenehmigung brauch, und wollte sie fragen, ob Sie mir eine ausstellen könnten. Ich garantier Ihnen aber, dass ich mit dem Zeugs ganz vorsichtig bin, weil ich mich mit dem Atomzeugs sehr gut auskenne, weil ich nämlich in der Nähe von Grundremmingen wohne, und dort haben wir einen Atomreaktor, den ich schon des öfteren besichtigt habe, meistens nur von außen, da ich ihn ja vermessen musste. Mein selbstgebauter Atomreaktor sieht genauso aus wie der Grundremminger auch, nur ist meiner im Maßstab 1:100000.

Ich bräuchte für die Pellets einen zuverlässigen Lieferanten, der im Preis fair ist und mich nicht übers Ohr haut. Vielleicht können Sie mir diesbezüglich eine seriöse Adresse zukommen lassen. Die nächste Frage wäre dann, ob ich die abgebrannten Brennstäbe über Sie entsorgen könnte, weil ich kann das Zeug ja nicht in die Restmülltonne werfen, erstens ist das gefährlich, und zweitens hätten vermutlich auch meine Nachbarn was dagegen, und mit denen hab ich aber ein hervorragendes Verhältnis, das ich auf diese Weise nicht trüben möchte. Vielleicht könnten Sie mir im Salzstock Gorleben eine kleine Ecke vermieten, die durchaus ausreichend sein dürfte, denn ich hab ja nur einen kleinen Reaktor. Die Transportkosten für die ausgebrannten Brennstäbe übernehme selbstverständlich ich oder ich bring sie sogar persönlich dort vorbei. Sollte niemand da sein, dann gebe ich sie beim Pförtner ab und kleb einen Zettel drauf mit dem Hinweis, dass das Zeugs strahlt.

Wenn Sie mir kurzfristig eine Sondergenehmigung zukommen lassen würden, wäre ich Ihnen sehr dankbar und könnte vielleicht noch im Herbst einen Testlauf machen, denn der Reaktor muss an Weihnachten ja funktionieren, damit es von Klausi kein Geplärr gibt. Meine Frau regt das immer so auf, und das springt dann wie eine Kettenreaktion auch immer auf mich über.

Für Ihr Entgegenkommen danke ich Ihnen im Voraus.

Mit freundlichen Grüßen

Nachtrag

Da baut man monatelang an einem Reaktor, fragt höflich an, schildert die Umstände und bekommt vom Herrn Bundesumweltminister keine Antwort! Nicht mal eine abschlägige. Das finde ich schwach und werde deshalb alles tun, einen kompetenteren Ansprechpartner zu finden!

Jürgen Sprenzinger
Dorfstraße 3
86441 Steinekirch

Hochbegabtenförderung e. V.
Am Pappelbusch 45

44803 Bochum

Steinekirch, 27. Juli 2010

Sehr geehrte Damen und Herren,

entschuldigen Sie, wenn ich Ihnen schreib, aber ich hätte da eine Frage.

Schon von Kindesbeinen an war ich hochbegabt, aber keine Sau hat sich dafür interessiert. Ich hab mich immer schwer getan mit meinen Mitschülern, weil die so
zurückgeblieben waren. Wär ich damals gefördert worden, aber ich sag Ihnen! Aber
Hallo sag ich da nur.

Rein zufällig bin ich auf Ihre Seite gekommen. Dort steht zwar, dass Sie nur Kinder
fördern, aber vielleicht könnten Sie bei mir eine Ausname machen, weil bei mir in
der Jugend so viel verpasst worden ist.

Leider haben meine Eltern auch kein Geld für ein Studium nicht gehabt, und so hab
ich mir alles audiotitaktisch beibringen müssen, was für mich nicht unbedingt ein
Nachteil war. Ich hab halt dann bisserl länger gebraucht, aber ich hab ja Zeit
gehabt.

Jetzt bin ich jedenfalls 60 und immer noch geistig fit, dass ich mich für alles inte-
ressier, was so um mich rum vor sich geht. Und ich täte halt gern noch was Neues
lernen, damit mein Gehirn nicht einrosten tut, was ja in meinem Alter viel eher
passieren kann, wie wenn man jung ist.

Ich mach auch sehr viel: Ich spiel Schach, Gittarre, Mundharmonika und Akkor-
dion, beschäftig mich viel mit Atomtechnologie (hab mir sogar selbst einen kleinen

40

Reaktor gebaut), der auch funktionieren täte, wenn ich bisserl Urandioxid hätte, aber mir gibt ja keiner eins. Ist vielleicht auch besser so, weil die Entsorgung immer recht schwierig ist. Dann beschäftige ich mich sehr viel mit Metapyhsik, Esoterik und Flugtechnik, wobei eins meiner Hobbys im Herbst das Drachenbauen ist. Über das Drachenbauen bin ich auch zufällig an die Astronomie gekommen. Ich sag Ihnen: Bei mir hat sich immer eins aus dem anderen ergeben, ganz komisch war das.

Ist ja aber wurscht, Sie sehen aus genannten Tätigkeiten ja bereits, dass ich vielseitig begabt bin und deshalb müsste ich eigentlich schon eine Förderung wert sein. Einen Intelligenstest mache ich gern, wenn Sie darauf bestehen.

Auf Ihren positiven Bescheid hoffend verbleibe ich hochachtungsvoll

Hochbegabtenförderung e.V., Gürtelstraße 29a/30, 10247 Berlin

Herr
Jürgen Sprenzinger
Dorfstr.aße 3

86441 Steinekirch

Beratungsstelle Berlin
Vorstand: Jens Terp
Gürtelstraße 29a/30
10247 Berlin
Tel.: 030/29778895
Fax: 030/29778896
Handy: 0172/2084394

Bundesgeschäftsstelle
Vorstand: Karsten Otto
Am Pappelbusch 45
44803 Bochum

E-Mail:
berlin@hbf-ev.de
Homepage:
http://www.hbf-ev.de

Berlin, den 03.08.2010

Sehr geehrter Herr Sprenzinger,

vielen Dank für Ihr Schreiben vom 27.07.2010.

Wie Sie schon auf unserer Internetseite gesehen haben fördern wir Kinder und Jugendliche im außerschulischen Bereich. Satzungsgemäß sind wir daran gebunden und können keine Ausnahme machen.

Sie können sich mal an die Mensa e.V. wenden. Diese Verein hat sich den erwachsenen Hochbegabten verschrieben.

Deren Internetseite ist www.mensa.de .

Wir wünschen Ihnen für die Zukunft alles Gute.

Mit freundlichen Grüßen

Hochbegabtenförderu e.V.
Beratungsstelle Berlin

Jens Terp

Bankverbindung:
Sparkasse Bochum
Kto.Nr.: 120 66 06
BLZ: 430 500 01

Amtsgericht Bochum, Vereins-Register Nr. 2754; Anerkennung als gemeinnütziger Verein durch das Finanzamt Bochum-Mitte
St.-Nr. 306/5795/0105

Internet: http://www.hbf-ev.de

Jürgen Sprenzinger
Dorfstraße 3
86441 Zusmarshausen

Arbeitsgemeinschaft Cannabis als Medizin
Rückertstraße 4

53819 Neunkirchen-Seelscheid

Steinekirch, 10.07.2010

Sehr geehrte Damen und Herrn!

Seit ungefähr 3 Monaten hab ich ständig Migräne und lauf von einem Doktor zum andern, aber keiner hat mir bis jetzt helfen können. Ich zweifle almächlich an der Kombetenz der Medizin.

Eine Bekannte von mir, die sich ziemlich gut mit Kräutern und sowas alles auskennt, hat mir empfholen, ab und zu bisserl Hasch zu rauchen, weil das den Kopf nämlich klar macht. Auf der andern Seite aber weiß ich überhaupt nicht, woher ich Hasch kriegen soll. Als ich meinen Hausarzt gefragt hat, ob er mir da was verschreiben kann, hat er nur blöd gelacht und gemeint, er kann das nicht, mir aber nicht gesagt, warum er es nicht kann. Wahrscheinlich deswegen, weil es die Krankenkasse nicht zahlt.

Meine Bekannte hat dann gemeint, ich soll das doch selber im Garten anbauen. Ich bräucht ja blos ein bisserl Hanf für den Eigenbedarf. Es sei zwar angeblich verboten, aber für den Eigenbedarf sei das vollkommen in Ordnung.

Deshalb schreib ich jetzt an Sie mit der gleichzeitigen Frage, ob Sie nicht vielleicht irgendwo ein paar Hanfsamen rumliegen haben, die sie mir verkaufen könnten und die ich dann im Garten einpflanzen kann. Ich hab zwar einen saulehmigen Boden im Garten, aber ich hab gehört, dass der Hanf recht anspruchslos sein täte.

Ich hab schon auf Ihre Internetseite geguckt, hab aber kein Wort von dem verstanden, was da drin steht, aber vielleicht können Sie mir da behilflich sein. Ich zahl die Samen natürlich auch und hoffe nur, das sie nicht zu teuer sind.

Haben Sie im Vorhinein vielen Dank für Ihre Hilfe.

Mit freundlichen hochachtungsvollen Grüßen

Nachtrag

Darf man Cannabis jetzt im Garten anbauen oder darf man nicht? Aber ein paar Hanfsamen hätt' ich schon gern. Vielleicht kann ja – äh, ich meine – vielleicht kann ja einer der Leser mir da helfen …

Jürgen Sprenzinger
Dorfstraße 3
86441 Steinekirch

Bund Deutscher Kriminalbeamter
Bundesgeschäftsstelle
Poststraße 4-5

10178 Berlin

Steinekirch, 14. November 2010

Sehr geehrte Kriminalbeamte!

Immer schon hab ich gerne Krimis gelesen, vor allem die Jerry-Cotton-Romane, aber auch den Sherlock Holmes oder den Nick Knatterton. Ich habe zwischenzeitlich auch alle James-Bond-Filme gesehen, und im Fernsehen schau ich mir heute noch immer den „Tatort" an.

Ich hab bei allen Krimis immer mitgeraten, wer wohl der Täter sein könnte. Laut meiner eigenen Statistik, die ich aufgestellt hab, liege ich bei einer Trefferquote von ungefähr 93,58 Prozent, was ja eine Menge ist. Deswegen bin ich von meinem Talent für die Kriminalistik überzeugt und frage auf diesem Wege an, ob ich nicht in Ihren Bund aufgenommen werden könnte, da ich schon immer daran interessiert war, die Kriminalität zu bekämpfen. Wenn es nach mir ging, würde ich für Schwerstfälle sogar die Todesstrafe wieder einführen, vorzugsweise durch das Fallbeil.

Ein idealer Aufstellplatz für so ein Fallbeil wäre zum Beispiel vor dem Reichstag in Berlin, denn dann könnt man jeden, der da rauskommt, sofort drunterlegen, egal wen, man trifft eigentlich nie den Falschen. Aber das wollt ich eigentlich gar nicht schreiben, das ist mir nur so herausgerutscht.

Ich bin seit 2 Jahren in Rente und hab viel Zeit. Deswegen könnt ich Ihnen sofort und jederzeit umgehend zur Verfügung stehen. Sie müssen nur wollen, dann werden wir den Verbrechern den Rauch hineinlassen, dass es nur so qualmt!

Bitte geben Sie mir schnellstmöglich Bescheid.

Mit freundlichen Grüßen

Nachtrag

Bisher habe ich darauf keine Antwort bekommen – leider. Vielleicht hat mein Ansinnen in Sachen „Fallbeil" keine große Resonanz gefunden. Nun ja, schade. Doch ich bin zuversichtlich: Die Köpfe werden eines Tages rollen – so oder so …

Jürgen Sprenzinger
Dorfstraße 3
86441 Zusmarshausen

foodwatch e. V.
Brunnenstraße 181

10119 Berlin

Steinekirch, 13.07.2010

Sehr geehrte Damen und Herren,

seit dem Jahre 2004 bin ich Besitzer eines Kanarienvogels männlichen Geschlechtes. Selbiger wurde am 13. September 2004 um 14 Uhr 34 geboren. Er ist somit Sternzeichen Jungfrau, und man merkt das auch, denn er ist ziemlich zurückhaltend. Er heißt übrigens Buzzi.

Seit Jahren füttere ich meinen Buzzi nun mit Prestige Premiumfutter, womit er immer sehr zufrieden war. Aber leider nimmt er seit zwei Monaten immer mehr ab, sodass es eigentlich gar kein Kanarienvogel mehr ist, sondern nur ein Kanarienskelett. Der Käfig (80 cm x 40 cm x 74,5 cm) ist ihm fast zu groß, und es besteht die Gefahr, dass er sich in selbigem verirrt. Eine Untersuchung beim hiesigen Tierarzt hat nichts gebracht, der Tierarzt hat nur gemeint, mein Vogel sei halt ein dürrer Typ und sowas gibt es beim Menschen ja auch.

Durch Zufall hat mir jemand erzählt, dass Sie Lebens- und Futtermittel verbessern und qualitativ aufbessern täten, und deswegen wollte ich bei Ihnen anfragen, ob ich Ihnen nicht vielleicht Buzzis Futter schicken könnte zwecks erstens einer Untersuchung desselbigen, ob das Futter überhaupt was taugt, und zweitens, ob Sie es nicht qualitativ aufpeppen könnten, damit mein Vogel wieder zunimmt. Ich habe noch einen Vorrat von ungefähr 12,8 Kilogramm im Haus, den ich Ihnen gerne zuschicken möchte zwecks obigen Gründen.

Sie sind ja eine politisch aktive Organisation, die einen gewaltigen Einfluss auch auf die Vogelfutterindustrie hat und vermutlich über die Politik einen starken Druck

48

auf die Vogelfutterhersteller ausüben können, weil ich nämlich glaub, dass dieses Prestige Premiumfutter mit der Zeit immer schlechter wird.

Wenn Sie da was für mich tun könnten, wär ich Ihnen äußerst verbunden.

Mit freundlichen Grüßen, auch von Buzzi

foodwatch e.v. · brunnenstraße 181 · d-10119 berlin

Herrn
Jürgen Sprenzinger
Dorfstr. 3

86441 Zusmarshausen

Berlin, 21. Juli 2010

Buzzi – Ihre Anfrage vom 13. Juli 2010

Sehr geehrter Herr Sprenzinger,

vielen Dank für Ihre Anfrage vom 13. Juli 2010 und Ihr damit verbundenes Vertrauen. Einschränkend möchte ich vorwegschicken, dass unser Fachwissen im zoologischen Bereich sehr begrenzt ist. Mit Tieren beschäftigen wir uns bei foodwatch meistens erst dann, wenn sie erwärmt auf dem Teller oder zumindest gekühlt in einer Plastikschale liegen. Gleichwohl hat uns das Schicksal Ihres Buzzi' sehr bewegt (viele von uns hatten selbst mal einen Vogel oder haben immer noch einen), deshalb wollen wir gerne versuchen, Ihnen weiter zu helfen.

Zunächst einmal möchte ich Sie bitten, von einer Zusendung Ihrer Futtervorräte abzusehen. Das würde ja dazu führen, dass Buzzi erst einmal gar nichts mehr zu Essen hat, was angesichts seines Zustandes wenig förderlich erscheint.

Eine Ferndiagnose ist freilich schwierig. Sie haben ja auch schon einiges unternommen, um hinter die Ursachen von Buzzis Gewichtsabnahme zu kommen. Ich möchte Ihnen jedoch einige Hinweise geben, die Sie oder Ihr Tierarzt womöglich noch nicht bedacht haben.

Wenn wir den Zustand von Tieren bewerten, schauen wir zunächst auf das Mindesthaltbarkeitsdatum. Nun wissen wir nicht, ob ein solches bei Kanarienvögeln gekennzeichnet wird – wenn, dann müsste es sicher auf dem Ring am Fuß eingeprägt sein. Angesichts seines Alters ist es nicht gänzlich auszuschließen, dass Buzzi mit beinahe sechs Jahren bereits ans Ende des für Kanarienvögel üblichen Haltbarkeitszeitraumes gekommen ist. Allerdings wäre das nur dann relevant, wenn Ihr Kanarienvogel noch originalverpackt, also ungeschlüpft ist. Das ist erfahrungsgemäß eher selten der Fall, denn dann kann man ja auch die Prägung auf dem Ring nicht so gut ablesen.

Wir möchten Sie nicht unnötig verunsichern, wahrscheinlich hängt die Gewichtsabnahme Ihres Freundes mit ganz anderen Dingen zusammen. Ist Buzzi sehr eitel? Betrachtet er sich in letzter Zeit häufig im Spiegel? Es wäre nicht auszuschließen, dass Buzzi magersüchtig ist und extreme Schlankheit als Schönheitsideal empfindet. In diesem Fall ist unbedingt eine psychologische Behandlung zu empfehlen.

Wenn Sie dies ausschließen können, lohnt es sich, genauer die Werbung für das von Ihnen verwendete Futter anzusehen. Mit Etiketten und Etikettenschwindel kennen wir uns ja aus. Im Vogelfuttersegment für Menschen gibt es zum Beispiel die Frühstücksflocken von Nestlé, die nennen sich „Fitness Fruits", obwohl da so viel Zucker drin ist, dass sie überhaupt nicht fit machen. Eher fett, aber das ist ein anderes Thema, bei Buzzi ist die Entwicklung ja genau andersherum. Wie bekommen Sie also heraus, ob es sich bei Ihrem Futter um Etikettenschwindel handelt?

In jedem Falle findet das Deutsche Lebensmittel- und Futtermittelgesetzbuch (LFGB) Anwendung. Dort heißt es in § 1, Absatz 1, 4. b): „Zweck des Gesetzes ist es, […] „durch Futtermittel die tierische Erzeugung so zu fördern, dass die Leistungsfähigkeit der Nutztiere erhalten und verbessert wird". Nun wissen wir nicht, ob und wenn ja, wofür Sie Ihren Kanarienvogel nutzen; falls es sich um ein eher nutzloses Tier handelt, würde in jedem Falle aber das unter § 1, Absatz 1, 4. a) aufgeführte Gesetzesziel greifen: „Zweck des Gesetzes ist es, […] bei Futtermitteln den Schutz von Tieren durch Vorbeugung gegen eine oder Abwehr einer Gefahr für die tierische Gesundheit sicherzustellen". Wenn die Gründe für den schlechten Zustand Buzzis im Futtermittel zu sehen sind, dann wäre das also nicht im Sinne dieses Gesetzes.

Falls Sie an eine juristische Auseinandersetzung mit dem Hersteller denken, kann für Sie vor allem das Täuschungsverbot von Interesse sein, das – ähnlich wie in § 11 LFGB für Lebensmittel – in § 19 LFGB auch für Futtermittel geregelt ist. Dort heißt es ausdrücklich: „Es ist verboten, Futtermittel unter irreführender Bezeichnung, Angabe oder Aufmachung in den Verkehr zu bringen oder für Futtermittel allgemein oder im Einzelfall mit irreführenden Darstellungen oder sonstigen Aussagen zu werben. Eine Irreführung liegt insbesondere dann vor, wenn einem Futtermittel Wirkungen beigelegt werden, die ihm nach den Erkenntnissen der Wissenschaft nicht zukommen oder die wissenschaftlich nicht hinreichend gesichert sind […]. Es ist ferner verboten, […] Futtermittel, die geeignet sind, den Anschein einer besseren als der tatsächlichen Beschaffenheit zu erwecken, ohne ausreichende Kenntlichmachung in den Verkehr zu bringen." Es wäre zu prüfen, ob der Hersteller Ihres (also: Buzzis) Futters etwas verspricht, was es nicht hält.

Dafür scheint ein Ansatz nicht ganz einfach zu finden zu sein. Das Futter heißt „Prestige Premium", das suggeriert eine besondere Qualität – aber es handelt sich nicht um das Versprechen, dass der Verzehr zu einem besonders runden Körperbau führt. Dass der Hersteller in seiner Rezeptur „Negersaat" verwendet, spricht zwar nicht für ausgeprägte soziale Verantwortung (neudeutsch: corporate social responsibility, CSR), schließlich gelten solche Begriffe schon lange als politisch unkorrekt, weshalb ja sogar die „Zehn kleinen Negerlein" von Agatha Christie in „Und dann gabs keines mehr" umbenannt wurden. Aber das ist vielleicht im Zusammenhang mit dem abnehmenden Buzzi kein guter Hinweis. Jedenfalls scheint politische Korrektheit dem Hersteller eher egal zu sein – das ist aber immer noch kein Ansatzpunkt für eine Klage.

Außerdem werden auf der Verpackung die extrudierten „VAM"-Körnchen ausgelobt, die Vitamine (V), Aminosäuren (A) und Mineralien (M) enthalten. Auch darin ist kein Versprechen in Bezug auf die körperliche Entwicklung der Konsumenten zu sehen. Diese extrudierten Körnchen – unter Extrudaten versteht man eine Art unter Hitzeeinwirkung „gepoppte" Mehlbällchen – sind übrigens auch wiederum in menschlichem Vogelfutter zu finden, zum Beispiel in Müsliriegeln wie Corny Schoko. Dort dienen sie als Ersatz für echte Getreidekörner. Der einzige Unterschied zwischen Corny und Prestige Premium ist

2

eigentlich, dass für Corny Johannes B. Kerner Werbung macht (was nicht zwingend für das Produkt sprechen muss) und dass der Riegel Schokolade enthält (was in diesem konkreten Fall für das Produkt sprechen könnte). Haben Sie schon einmal daran gedacht, Buzzi mit Corny zu füttern? Neben der Schokolade verwendet Hersteller Schwartau nämlich auch noch sieben verschiedene, wertvolle Zuckerarten, um die extrudierten Mehlpops miteinander zu verkleben. Das könnte für Buzzi ein Mehr an Energie und Bauchumfang bringen. Bei Menschen funktioniert das auch. Aber wie gesagt, wir sind keine Experten für Kanarienvögel.

Falls Sie doch einen Prozess anstreben, um den Hersteller wegen falscher Versprechen zu verklagen, so möchten wir Ihnen angesichts der Komplexität dieses Falles raten, sich einen guten Berater zu suchen. Wir hätten da einen bissigen Rechtsanwalt an der Leine, Herrn Dr. Kater, der Ihren Fall sicher gern übernehmen würde. Allerdings sollten Sie einen solchen Schritt mit Buzzi ausführlich besprechen. Wahrscheinlich wird das Gericht darauf bestehen, dass er als Kronzeuge auftritt und dann seinen ausgemergelten Körper öffentlich zur Schau stellen, sich frei (um nicht zu sagen: vogelfrei) machen müsste. Das ist nicht schön, gerade psychologisch.

Vielleicht ist aber auch alles ganz anders: In der Werbung für das Prestige Premium Futter ist in diversen Internet-Shops der Hinweis zu finden, dass selbiges für eine „optimale Darmfunktion" und „exzellente Kondition" sorge. Insofern muss man attestieren, dass das Futter hält, was es verspricht: Die Darmfunktion bei Buzzi scheint zu laufen wie geschmiert, was den Durchsatz angeht, schließlich setzt das Futter ja überhaupt nicht an. Und eine exzellente Kondition, also viel Bewegung, sorgt auch für einen schlanken Körperbau. Wenn Sie sich erfolgreiche Marathonläufer ansehen, dann sind diese ja auch eher „dürre Typen", wie Sie dies von Buzzi schreiben. Ich würde also aus der Ferne eher davon ausgehen, dass das Futter bestens funktioniert und hält, was es verspricht, womit es sich von zahlreichen Produkten für Herrchen und Frauchen unterscheiden würde.

Außerdem: Dass sich Buzzi nicht so aufplustert wie andere Vögel, spricht ja außerdem eher für als gegen ihn.

Ob ich Ihnen mit diesen Zeilen weiterhelfen konnte, weiß ich ehrlich gesagt nicht. Ich habe es jedenfalls versucht und wünsche Ihnen beiden alles erdenklich Gute.

Mit freundlichen Grüßen – auch an Buzzi –,

Martin Rücker
Leiter Öffentlichkeitsarbeit foodwatch e.V.

P.S.: Die im Text genannten und andere Beispiele von Etikettenschwindel können Sie im Internet unter www.abgespeist.de nachlesen.

Jürgen Sprenzinger
Dorfstraße 3
86441 Steinekirch

Verband der Seemannsfrauen e. V.
Ziegelweg 15

27777 Ganderkesee

Steinekirch, 25. Juli 2010

Sehr verehrte Damen!

Ich hab ein Problem, und deswegen schreib ich Ihnen. Durch Zufall bin ich an Ihre
Adresse gekommen.

Ich bin ein Bayer. Seit ungefähr 10 Jahren leb ich allein. Das tät ich aber gern ändern
wollen, weil allein ist es auch im Himmel nicht schön.
Jetzt hab ich gehört, dass Seemannsfrauen und Seemannsbräute etwas Besonderes an
sich haben, und das wollt ich testen und deswegen meine Frage an Sie: Haben Sie
zufällig irgendwo eine Seemannsfrau, die noch frei ist und einen Bayern will? Eigentlich bin ich nämlich sehr nett und auch ein gemütlicher Typ. Ich bin ungefähr 178
groß, schlank, kenn jede bayerische Biersorte, und in meiner Freizeit spiel ich Zieh-
harmonika, und wenn ich besoffen bin, dann auch ab und zu mal Mundharmonika,
was allerdings nur einmal im Vierteljahr vorkommt, aber ich hab gehört, dass auch
Seemänner immer eine Buddel Rum in der Tasche haben und auf einen Zug aussaufen
können. Eine Seemannsfrau ist so einen Rausch aber wahrscheinlich gewöhnt
Wenn Sie mir freundlicherweise einen Termin mitteilen täten, wann ich kommen
kann, wär ich Ihnen sehr zu Dank verpflichtet. Ein Foto wär vorher natürlich auch
nicht schlecht, denn sie sollt schon ein bisserl hübsch sein, weil ich die ja dann jeden
Tag anschauen muss.

Es wär nett von Ihnen, wenn sie da was für mich tun täten könnten.

Hochachtungsvoll mit freundlichen Grüßen

Nachtrag

Vermutlich gibt es keine Seemannsfrau, die nach Bayern will, denn gegen die Nord- oder Ostsee ist der Chiemsee oder Ammersee natürlich nur eine Pfütze. Ich nehme an, Seemannsfrauen möchten gerne aus dem Vollen schöpfen.

Na ja, dann versuche ich eben, mein Leben auch ohne Seemannsfrau in den Griff zu bekommen …

Jürgen Sprenzinger
Dorfstraße 3
86441 Steinekirch

Deutscher Hebammenverband
Gartenstraße 26

76133 Karlsruhe

Steinekirch, 24. Juli 2010

Sehr geehrte Damen und Herren,

bereits seit meiner frühesten Jugend wollte ich Hebamme bzw. Geburtshelfer werden, doch meine Eltern waren damals der Überzeugung, dass ich besser für einen technischen Beruf geeignet wäre, und so musste ich den Beruf des Radio-Fernsehtechnikers erlernen, was ich zwar dann getan habe, um dem Willen meiner Eltern gerecht zu werden, doch zufriedengestellt hat dieser Beruf mich nie.
Ich habe seit jener Zeit immer die Nähe zu Schwangeren gesucht und in meiner Freizeit oft Entbindungsheime besucht, um mit den Hebammen Kontakt aufnehmen zu können. Auf diese Weise habe ich neben meiner hauptberuflichen Tätigkeit als Radio-Fernsehtechniker viel über Geburtshilfe erfahren dürfen, doch konnte ich bisher dieses Wissen nicht in die Praxis umsetzen.
Heute sieht es so aus, dass ich arbeitslos bin und mich gerne zur Hebamme oder zum Geburtshelfer ausbilden lassen würde, was mein innigster Herzenswunsch wäre. Doch ich weiß leider nicht, an wen ich mich wenden soll. Deshalb wende ich mich heute vertrauensvoll an Sie mit der Frage, ob Sie mir nicht vielleicht eine Ausbildungsstätte vermitteln könnten, damit ich danach offiziell als Geburtshelfer arbeiten könnte.
Da ich sehr gut Englisch spreche, könnte ich anschließend auch Engländerinnen und Amerikanerinnen entbinden, da selbige es vielleicht oft als tröstlich empfinden, in den schweren Stunden einer Geburt in der Muttersprache getröstet zu werden.

Ich hoffe auf Ihre Hilfe und verbleibe mit verbindlichstem Dank im Voraus.

Mit freundlichen Grüßen

Deutscher HebammenVerband e.V.

• Deutscher Hebammenverband e.V. Postfach 1724 D-76006 Karlsruhe •

Jürgen Sprenzinger
Dorfstr. 3
86441 Steinekirch

Barbara Felchner
Geschäftsführerin

Gartenstraße 26
D-76133 Karlsruhe

Fon 0721-9 81 89-0
Fax 0721-9 81 89-20

info@hebammenverband.de
www.hebammenverband.de

Beratende Hebamme:

○ Ellen Grünberg
   Fon 0721-98189-17

☒ Regine Knobloch
   Fon 0721-98189-11

○ Henriette Thomas
   Fon 0721-98189-27

Telefonsprechzeiten:
Mo-Fr 10-12 Uhr
Mo-Do 13-16 Uhr

29.7.2010

Sehr geehrter Herr Sprenzinger,
wenn Sie Hebamme bzw. Entbindungspfleger werden wollen, müssen Sie sich an einer der Hebammenschulen bewerben. Die Aussichten auf einen Ausbildungsplatz sind allerdings nicht sehr gut. Es gibt immer noch mehrere hundert Bewerber/innen auf etwa 15 Ausbildungsplätze pro Schule. Bei vielen Schulen wird eine erste Vorauswahl dem Losverfahren vorgenommen. Deshalb braucht man einfach Glück.
Auch die beruflichen Aussichten sind nicht so rosig, es gibt wenig Arbeitsplätze im Angestelltenverhältnis und als Freiberufler muss man sehr viel arbeiten, um einigermaßen davon leben zu können.
Anbei eine aktuelle Liste der Hebammenschulen.

Weitere Infos finden Sie im Internet unter www.bhsr.de (Bundes-Hebammen-Schülerinnen-Rat) und www.ausbildung-hebamme.de und www.hebammenverband.de > Ausbildung.

Viel Glück für Ihre Bewerbung!

Freundliche Grüße
Deutscher Hebammenverband e.V.

Jürgen Sprenzinger
Dorfstraße 3
86441 Steinekirch

Deutsche Standard-Wellensittich-
Züchter-Vereinigung
Schramberger Straße 41

13467 Berlin

Steinekirch, 25. Juli 2010

Sehr geehrte Damen und Herren,

hiermit setze ich Sie davon in Kenntnis, dass mir etwas sehr Eigenartiges passiert
ist. Gleichzeitig erbitte ich Ihren werten Rat.

Mein Kanarienvogel Buzzi und mein Wellensittich Stutzi haben bisher zusammen
in einem Käfig gelebt (50 x 50 x 60). Da ich eigentlich kein Vogelspezialist bin,
war mir bis zum heutigen Zeitpunkt nicht klar, dass beide Vögel nicht gleich-
geschlechtlich sind, wie mir vom Tierhändler ursprünglich versichert wurde. Beide
Vögel waren mir als „männlich" verkauft worden. Ich habe mich zwar gewundert,
dass die beiden stets Zärtlichkeiten ausgetauscht haben, habe aber bisher ange-
nommen, beide Vögel wären homosexuell, und habe diesem Treiben amüsiert
zugesehen.

Vor etwa 20 Tagen fand ich Buzzi auf zwei Eiern sitzend vor. Ich habe mich deshalb sehr gewundert, weil mir nicht klar war, von welchem Vogel selbige stammen.
Ich weiß es bis heute noch nicht.

Nach etwa 18 Tagen schlüpften dann schließlich zwei Jungvögel, mit gelbem
Gefieder, die aber einen gekrümmten Wellensittich-Schnabel haben. Die Frage, die
sich mir hier stellt: Was ist das nun für eine Vogelart? Handelt es sich um einen
Wellenkanarienvogel oder um einen Kanariensittich oder letztlich um einen
Wellenkanarich?

Meine Frage an Sie wäre: Wie kann so etwas möglich sein? Ist es eine Laune der Natur? Und als nächste: Ist nun Buzzi der Vater und Stutzi die Mutter oder umgekehrt? Ich muss ehrlich gestehen, mich beschäftigen diese Fragen nun schon seit Wochen, und ich komme einfach nicht dahinter, wie das zugegangen ist.

Deshalb dieses Schreiben an Sie mit der Bitte um Aufklärung. Vielleicht haben Sie so etwas schon erlebt, da es vielleicht häufiger vorkommt, als man glaubt.

Wie auch immer: Um eine Meinung Ihrerseits wäre ich sehr dankbar.

Mit freundlichen Grüßen

Nachtrag

Da ich keine Antwort erhielt, bleibt die Sache weiterhin rätselhaft – aber was soll's. Manche Leute haben einen Vogel, ich habe gleich zwei, und man muss ja auch nicht jeden Vogel aufblasen. Ich denke einfach, die Sache war ein Evolutionssprung …

Jürgen Sprenzinger
Dorfstraße 3
86441 Steinekirch

Bund Deutscher Rassegeflügelzüchter
Bundesgeschäftsstelle
Erlenbruchweg 20

63071 Offenbach/Main

Steinekirch, 14. November 2010

Sehr geehrte Damen und Herren,

im Jahre 2001 entdeckte ich meine Liebe zu den Hühnern. Ich habe mir zuerst bei einem hiesigen Bauern zwei Küken gekauft, selbige großgezogen und zufällig entpuppten sich beide Küken als Pärchen, also Hahn und Henne sozusagen.

Irgendwann begann ich dann, mich mit Hühnerzucht zu beschäftigen, weil es jedesmal ein erhebendes Gefühl für mich war, wenn der Hahn die Henne bestiegen hat.

2003 schließlich begann ich zu experimentieren und habe das bis dato unbekannte Sprenzi-Huhn gezüchtet. Es war ein langer Weg zum Erfolg. Das Sprenzi-Huhn entstand aus einer langen Reihe von Kreuzungen. Angefangen hab ich dabei mit einem Assendelfter Hahn und einer Sudanesischen Kämpferhenne. Der nächste Schritt war, die Assendelfter-Sudanesische-Kämpfer-Hennen mit dem Watermaalscher Bartzwerg zu kreuzen, was mir erst nach einigen Anlaufschwierigkeiten gelungen ist, die eigentlich nicht ich hatte, sondern selbiger Hahn, der genau genommen Aufsprungprobleme gehabt hat. Dieser Hahn ist aber zwischenzeitlich verschieden und wurde von mir und meiner Familie rigoros verspeist. (Nach Befruchtung der Henne selbstverständlich).

Diese Zwischenrasse wurde wiederum mit dem Silberblauen Königsberger gekreuzt, deren Nachkommen dann wieder mit dem „Augsburger", schon allein deswegen, weil ich gebürtiger Augsburger bin.

Als Endprodukt entstand daraus dann das oben genannte Sprenzi-Huhn. Es hat einen hellblauen Kronenkamm und könnte als mittelschweres Landhund durchgehen. Der Farbschlag ist blaugesäumt, der Kehlbart ist maisgelb, die Bürzeldrüse normal ausgebildet, ebenso wie der Schwanzwirbel, die Kopfbefiederung an den Hautwarzen vor den Ohren sind feuerrot. Die Eierleistung (und darauf bin ich besonders stolz!) beträgt im durchschnitt 2-3 Eier pro Tag, zudem hat das Sprenzi-Huhn einen hervorragend ergiebigen Schlachtkörper.

Wenn Sie diese Hühnerrasse besichtigen möchten, dann wenden Sie sich bitte schriftlich an obige Adresse.

Mit freundlichen Grüßen

Nachtrag

Auch wenn ich keine Antwort erhalten habe, züchte ich dennoch weiter. Momentan versuche ich eine Hühnerrasse mit besonderem Flügelschlag und Gegackere zu züchten. Ich werde diese Rasse dann zu Ehren der Bundeskanzlerin „Angela-Merkel-Huhn" nennen. Und vielleicht bekomme ich es auch noch hin, dass dieses Huhn goldene Eier legt, was wiederum dem Staatshaushalt enorm helfen könnte. Mal abwarten …

Jürgen Sprenzinger
Dorfstraße 3
86441 Steinekirch

Verband der Alluminiumrecycling-Industrie
Postfach 200 840

40105 Düsseldorf

Steinekirch, 25. Juli 2010

Sehr geehrte Damen und Herren!

Immer im Sommer machen wir Frühjahrsputz. Meine Frau hebt immer alles auf
und schmeißt nie was weg, was mir grausam stinkt, weil der ganze Mist sammelt
sich auf dem Dachboden oder im Keller, ich stolper immer drüber, und wenn ich
dann mal hinfall, dann ärgere ich mich.
Gestern war ich im Dachboden und hab mal gründlich aufgeräumt. Und da hab ich
mindestens an die 25 Aluminium-Kochtöpfe gefunden, die kein Mensch nie nicht
mehr braucht. Nachdem wir hier auf dem Dorf keinen Schrotthändler nicht haben,
hab ich mir gedenkt, ich schreib Ihnen und frage einfach mal bei Ihnen an, ob Sie
diese besagten Aluminiumtöpfe nicht brauchen können täten wegen einem Recycling, weil es nämlich schad drum wär.
Der Stefan Hämmerle, was ein Kumpel von mir ist, hat mir den Tipp gegeben, dass
ich mich an Sie wenden soll, weil Sie die Wiederverwertung von Aluminium fördern täten.
Bitte geben Sie mir Bescheid, wann ich Ihnen das Zeug schicken kann, drei Karton
zum Einpacken hab ich schon besorgt, der Hofer Willi bringt mir morgen auch
noch zwei mit, dann reichts. Wichtig ist, dass das Zeug möglichst schnell weg-
kommt, weil momentan ist meine Frau grad nicht da. Sie ist bei ihrer Schwester
Vroni in Ebersbach im Allgäu und kommt erst am 6. August wieder, weil da mein
Bruder Namenstag hat.
Übrigens hätt ich da noch einen alten Fleischwolf aus Gusseisen, den könnten Sie
auch haben.

Mit hochachtungsvollen Grüßen

VAR Verband der
Aluminiumrecycling-
Industrie e.V.

VAR · Postfach 20 08 40 · D-40105 Düsseldorf

Herrn
Jürgen Sprenzinger
Dorfstraße 3
86441 Steinekirch

Postfach 20 08 40, D-40105 Düsseldorf
Am Bonneshof 5, D-40474 Düsseldorf

Telefon (02 11) 45 19 33
Telefax (02 11) 43 10 09
office@var-alurecycling.de
www.aluminium-recycling.com

31. August 2010

Sehr geehrter Herr Sprenzinger,

Ihr Brief zum Recyceln von Aluminiumkochtöpfen hat mir aus der Seele gesprochen. Leider komme ich wegen meines Urlaubs erst jetzt dazu, Ihnen das zu sagen. Was Sie schildern, treibt mich auch um. Allerdings ist es in meinem Fall die Ehefrau, die mich dazu drängt, endlich die Kochtöpfe im Keller zu verwerten. Nun werden Sie möglicherweise sagen, der hat's gut, der kennt doch alle, die Recycling machen. Das stimmt schon. Einem meiner Kollegen, der etwa 300 Kilometer von hier Aluminiumschrott einschmilzt und hieraus neue Aluminiumlegierungen herstellt, habe ich angeboten, ihm meine Töpfe zu bringen, wegen des Umweltschutzes und weil meine Frau mich drängt.

Mein Kollege, der Tag für Tag Aluminium recycelt, hat mich erstaunt gefragt, ob ich alle guten Vorsätze zum ökologischen Verhalten über Bord geworfen hätte. Habe ich natürlich nicht. Er hat mir vorgerechnet, dass wegen des Benzinverbrauchs beim Transport der Töpfe alle ökologischen Vorteile des Recyclings dahin gewesen wären. Also habe ich es gelassen und mir gesagt: Wo er Recht hat, hat er Recht.

Dann hat er mir noch einen Tipp gegeben: Schau in die Gelben Seiten (Internet geht auch), suche den nächstgelegenen Metallschrotthändler, bringe die Töpfe dorthin und alle sind glücklich. Der nimmt sicherlich auch den Fleischwolf, selbst wenn er aus Gusseisen ist.

Vielleicht fragen Sie mal Ihren Kumpel Stefan Hämmerle, ob er nicht die Kochtöpfe und den Fleischwolf in sein Auto lädt und mit Ihnen nach Zusmarshausen zu einem Schrotthändler fährt. Bei den aktuellen Aluminiumschrottpreisen nimmt er die Kochtöpfe sicherlich gerne an.

Der Händler legt dann die Töpfe zum Aluminiumschrott, den er bereits gesammelt hat. Wenn genug da ist, um einen Container zu füllen, liefert er den Schrott an ein Schmelzwerk, das hieraus Aluminiumlegierungen herstellt. Diese werden dann an eine Gießerei geliefert, die hieraus zum Beispiel Zylinderköpfe für einen BMW Motor herstellt. Wenn Sie vielleicht irgendwann einen neuen BMW kaufen, kann es sein, dass Ihre Kochtöpfe unter der Motorhaube eine fröhliche Auferstehung feiern. Sie sollten das so Ihrer Frau erklären. Sie wird sich sicherlich gerne von den Aluminiumtöpfen trennen. Sollte sie immer noch Bedenken haben, können Sie ihr ja noch sagen, dass aus den alten Kochtöpfen auch wieder neue werden können. Dann müssten Sie ihr aber moderne Aluminiumtöpfe kaufen, damit sie das auch glaubt.

Herzliche Grüße

VERBAND DER ALUMINIUMRECYCLING-INDUSTRIE

Günter Kirchner

Jürgen Sprenzinger
Dorfstraße 3
86441 Steinekirch

ASA e. V.
Arbeitsgemeinschaft stoffspezifische
Abfallbehandlung
Westring 10

59320 Enningerloh

Steinekirch, 10. November 2010

Sehr geehrte Damen und Herren,

leider habe ich ein Problem, bei dem Sie mir eventuell behilflich sein können.

Durch Zufall kam ich an Ihre Adresse und möchte Ihnen mein Problem schildern:

Ich habe einen Kleiderschrank mit der Länge von 4,50 Metern im Schlafzimmer.
Seit dem Jahre 1989 wurde dieser Kleiderschrank immer voller, da ich sehr auf
meine Kleidung aufpasse, sie entsprechend pflege und schone und sie dem entsprechend über Jahre hinaus intakt bleibt. Ich werfe ungern ein Kleidungsstück weg,
auch wenn es nicht mehr modern ist, denn gerade die heutige Mode ist einer radi-
kalen Wandlung unterlegen, und so wiederholt sich die Mode immer wieder, sodass
man einen Anzug, der vor 15 Jahren modern war, heute durchaus wieder tragen
kann.

Kurz und gut: Ich hänge an meinen Kleidungsstücken, verwende auch Mittel gegen
Motten, damit meine Kleidung vor deren Fraß geschützt ist. Niemals wird jemand
auch nur das kleinste Loch in einem meiner Kleidungsstücke finden.

Doch neuerdings beginnt meine Frau, sich darüber aufzuregen, dass mein Schrank
zu voll ist, und besteht darauf, dass ich einen Teil meiner kostbaren Kleidung rigoros entsorge. Aber ich bringe es einfach nicht übers Herz.

Wie ich schon erwähnte, kam ich durch Zufall an Ihre Adresse und habe dabei bemerkt, dass Sie sich mit stoffspezifischer Abfallbehandlung beschäftigen respektive auf diesem Gebiet der kompetente Ansprechpartner sein dürften. Ich möchte sicherstellen, dass meine kostbare Kleidung in gute Hände kommt, wenn ich schon gezwungen bin, sie auf diese herzlose kalte Art meiner Frau loszuwerden.

Deshalb wollte ich höflich anfragen, ob Sie an meinen Anzügen, Pullovern und Hosen interessiert wären. Ich würde Ihnen alles frachtfrei und schnellstens zukommen lassen. Es handelt sich um folgende Kleidungsstücke:

1 Anzug schwarz, Zweireiher, Nadelstreifen, Größe 90
1 Anzug dunkelbraun, Nadelstreifen mit Weste, Größe 90
1 Anzug dunkelgrün uni, Zweireiher, Größe 90
1 Hose dunkelgrau, Bundfaltenhose, Größe 90 (ohne Hosenaufschlag)
1 Hose dunkelgrau, Bundfaltenhose, Größe 90 (mit Hosenaufschlag)
1 Hose hellgrau, Größe 90 (ohne Hosenaufschlag)
1 Hose hellgrün, Größe 90 (ohne Hosenaufschlag)
1 Sakko cognacfarben Feincord, Größe 92
1 Sakko dunkelblau-seidenmatt, handgeschneidert in Thailand, Größe 90
3 Pullover hellgrau bis mausgrau, Größe ML
1 Pullover rehbraun mit eingesticktem Hirsch

Dies ist allerdings nur ein kleiner Teil, den ich bisher erst aussortiert habe. Eine weitere Sendung könnte ich Ihnen in etwa 4-6 Wochen zukommen lassen.

Es wäre sehr nett von Ihnen, wenn Sie mir schnellmöglichst Bescheid geben würden, da – wenn ich mich schon von meinen Sachen trennen muss – es schnell gehen sollte, um den schmerzlichen Abschied nicht endlos und unnötig in die Länge zu ziehen.

Mit freundlichen Grüßen

ASA e. V. Arbeitsgemeinschaft Stoffspezifische Abfallbehandlung
im Hause der Abfallwirtschaftsgesellschaft des Kreises Warendorf mbH

ASA e. V. • Westring 10 • 59320 Ennigerloh

Herrn
Jürgen Sprenzinger
Dorfstraße 3
86441 Steinekirch

1. Dezember 2010

Sehr geehrter Herr Sprenzinger,

vielen Dank für Ihr Schreiben vom 10. November 2010. Zu unserem Bedauern können wir Ihnen bei Ihrem Anliegen nicht direkt weiterhelfen.

Die Arbeitsgemeinschaft Stoffspezifische Abfallbehandlung (ASA) e. V. ist der Dachverband für Betreiber von Mechanisch-Biologischen Abfallbehandlungsanlagen (MBA). In diesen wird hauptsächlich Restabfall behandelt. Grundidee der MBA-Technologie ist, den Abfall in unterschiedliche Stoffströme aufzuteilen. Diese werden anschließend durch verschiedene mechanische und/oder biologische Verfahrensschritte weiter behandelt, so dass eine ökologisch wie auch ökonomische Verwertung oder Beseitigung der verbliebenen Stoffströme realisiert werden kann.

Der Begriff „Stoff", der sich in unserem Verbandsnamen findet, bezieht sich also auf Stoffströme, nicht explizit auf Textilien.

Leider ist es uns deshalb nicht möglich, Ihre Kleidungsstücke entgegenzunehmen. Wir hoffen, dass Sie dennoch einen geeigneten Abnehmer finden werden. Vielleicht gibt es in Ihrer Nähe einen Secondhand-Laden für Bekleidung oder eine „Kleiderkammer" einer karitativen Einrichtung.

Bei weiteren Fragen stehen wir Ihnen gerne zur Verfügung.

Mit freundlichen Grüßen

ASA Arbeitsgemeinschaft
Stoffspezifische Abfallbehandlung

i. A.

Tina Prettenhofer
- Geschäftsstelle -

Geschäftsstelle
Durchwahl +49 2524 9307-19 • info@asa-ev.de

Geschäftsstelle
Westring 10
59320 Ennigerloh
www.asa-ev.de

Kontakt
Telefon +49 2524 9307-18
Telefax +49 2524 9307-12
info@asa-ev.de

Vorsitz
Thomas Grundmann
Dipl.-Ing. Andreas Nieweler
Vereinsreg. Nr. VR 60956

Bankverbindung
Sparkasse Münsterland Ost
Konto 034 033 951
BLZ 400 501 50

Jürgen Sprenzinger
Dorfstraße 3
86441 Zusmarshausen

Gemeinde Zusmarshausen
Herrn Bürgermeister
Albert Lettinger
Schulstraße 2

86441 Zusmarshausen

Zusmarshausen, 19. Juni 2010

Sehr geehrter Herr Bürgermeister Lettinger!

Obwohl ich gebürtiger Augsburger bin, bin ich seit dem Jahre 1993 aufgrund meiner Aktivitäten bei der Zusambühne mit Zusmarshausen und der örtlichen Umgebung eng verbunden. Ich könnte auch behaupten, ich bin bekannt wie ein bunter Hund, allerdings nicht in dem Maße wie Sie, aber Sie sind ja auch kein bunter Hund.

Wegen meiner Verbundenheit mit der von Ihnen regierten Örtlichkeit habe ich im Jahre 2009 die Konsequenzen gezogen und bin mit meiner Lebensgefährtin und deren Sohn nach Steinekirch gezogen, weil ich endlich Nägel mit Köpfen machen wollte. Ich lebe mit meiner Lebensgefährtin zwar momentan in wilder Ehe, aber da können Sie durchaus beruhigt sein, weil ich das nämlich 2011 ändern werde – versprochen, denn Leute, die einfach so zusammenleben, sind in ländlicher Umgebung nicht gern gesehen, das ist mir durchaus bekannt, und dieser miserable Zustand beschämt mich natürlich.

Jetzt hab ich aber ein Problem. Nämlich das, dass mir verschiedene Leute in Zusmarshausen gar nicht glauben, dass ich jetzt einer der ihrigen bin, was mich immer sehr frustriert. Ich komm mir manchmal vor wie der Achmed Özmir in Berlin. Deswegen kam ich auf die Idee, Sie zu bitten, ob Sie mir nicht eine Einwanderungsurkunde ausstellen könnten, damit ich nicht mehr als Augsburg-Flüchtling betrachtet werde, sondern endlich als Zusmarshauser Bürger akzeptiert werde.

Ich verspreche Ihnen dafür, dass ich mich weiterhin mit all der mir zur Verfügung stehenden Kraft für die kulturellen Bedürfnisse in Zusmarshausen einsetzen werde.

Da ich zudem auch ein relativ bekannter Schriftsteller bin, wäre es weiterhin sehr nett von Ihnen, wenn Sie mir als oberster Mann der Gemeinde einige Gebühren erlassen könnten, als da sind: Müllabfuhrgebühren, Wasser- und Abwassergebühren und Straßen- und Rohrreinigungsgebühren. Ich bin mir sicher, Sie können das möglich machen – zumindest für ein Jahr, weil die Hochzeit nächstes Jahr ja auch einen ganzen Haufen Geld kostet.

Ihrem positiven Bescheid sehe ich gerne entgegen.

Mit freundlichen Grüßen

MARKT ZUSMARSHAUSEN
Der Bürgermeister

Markt Zusmarshausen • Postfach 140 • 86439 Zusmarshausen

Herrn
Jürgen Sprenzinger
Steinekirch
Dorfstr. 3
86441 Zusmarshausen

Zusmarshausen, 06.08.2010

Ihr Schreiben vom 19.06.2010

Sehr geehrter Herr Sprenzinger,

ich freue mich, dass Sie, ein gebürtiger Augsburger, jetzt als Ihren „Alterswohnsitz" den Markt Zusmarshausen gewählt haben.

Ich darf Sie sehr herzlich in unserer schönen Gemeinde begrüßen und hoffe, dass Sie sich in Steinekirch immer wohl fühlen. Als Nachweis gegenüber Mitbürgern und anderen Ungläubigen übersende ich Ihnen eine Einwanderungsurkunde.

Bei Ihrem Versprechen, sich weiterhin mit ganzer Kraft für die kulturellen Bedürfnisse im Markt Zusmarshausen einzusetzen, nehme ich Sie beim Wort.

Ihrem Antrag auf Erlass von verschiedenen Verbrauchsgebühren kann ich leider nicht nähertreten. Dies ist aus Gründen der Gleichbehandlung aller Bürger nicht möglich. Eine „Bedürftigkeit" ist nicht nachgewiesen, so dass auch eine Unterstützung aus dem gemeindlichen Sozialfonds nicht gerechtfertigt ist. Anderenfalls bitte ich Sie, mir entsprechende detaillierte finanzielle Nachweise vorzulegen.

Über die Nachricht, dass Sie nächstes Jahr in den Hafen der Ehe einfahren wollen, freue ich mich sehr. Falls wir einen gemeinsamen Termin finden, würde ich diese Eheschließung gerne persönlich vornehmen.

Mit freundlichen Grüßen

Albert Lettinger
1. Bürgermeister

Telefon	Telefax	elektronische Post	Internet
(0 82 91) 87-22	(0 82 91) 87-40	bgm.lettinger@zusmarshausen.de	http://www.zusmarshausen.de

Markt Zusmarshausen

Urkunde

Herr Jürgen Sprenzinger

hat sich am 01.11.2009

in Zusmarshausen, OT Steinekirch, Dorfstr. 3

angemeldet.

Als Nachweis seines Wohnsitzes

überreiche ich ihm diese

Einwanderungsurkunde

und hoffe, dass er sich in unserer

Gemeinde stets wohl fühlt.

Zusmarshausen, 01. Juli 2010

Albert Lettinger
1. Bürgermeister

Jürgen Sprenzinger
Dorfstraße 3
86441 Steinekirch

Bundesverband Deutscher Privatschulen
Hauptstadtbüro
Reinhardtstraße 19

10117 Berlin

Steinekirch, 10. Juli 2010

Sehr geehrte Damen und Herren,

seit dem Jahre 1978 gebe ich im Bedarfsfalle Nachhilfeunterricht für die Nachbarskinder aus unserem Dorfe. Meine bevorzugten Fächer sind dies betreffend Erdkunde, Mathematik, Algebra und als häufig frequentiertes Nebenfach „Die Mechanik des Geldes – seine Auswirkungen im Allgemeinen und im Besonderen". Dieses Thema wird leider an keiner Schule gelehrt, obwohl es aufgrund der Tatsache der zunehmenden Globalisierung von äußerster Dringlichkeit wäre.

Gerade letzteres erwähntes Thema findet besonderen Anklang und unser Dorf hat mit meiner Hilfe bisher vier Multimillionäre hervorgebracht, was mich mit besonderem Stolze erfüllt und mir die Brust schwellen lässt. Meine Lehrmethode beruht auf der Basis des Compounding.

Viele meiner Mitbewohner haben mir nun nahegelegt – und dieses aufgrund meiner vergangenen Erfolge – eine Privatschule zu gründen, um den Grundstein für weitere Bildung und den selbigen für weiteren Reichtum unseres Dorfes zu legen, was mir eine hohe Ehre bedeutet. Die Erwartungen der Bewohner sind zwar enorm und bedeuten eine schwere Bürde für meine Person, dennoch war ich sofort bereit, diesem Antrage nachzukommen – allerdings stand der Vorbehalt im Raume, ob dies nicht etwa genehmigungspflichtig sei und es vermutlich behördliche Hürden gäbe, die es hier zu überwinden gülte.

Ich habe meinen dörflichen Mitbewohnern versprochen, mir in dieser Angelegenheit Einblick in die vorschriftlichen Gegebenheiten zu verschaffen, schon auch aus dem Grunde, weil ich nicht mit dem Gesetze in Konflikt geraten möchte, da ich bisher immer mit dem mir größtmöglichsten Pflichtbewusstsein versucht habe, als ein mustergültiger, gesetzestreuer und loyaler Bürger unseres Landes zu erscheinen, um der Jugend als strahlendes Vorbild zu dienen. Meine Devise lautete stets: Disziplin, frohes Schaffen und in einem gesunden Körper wohnt ein gesunder Geist – oder auch, analog zur Kitkat-Werbung: „Ist das Kind gesund, freut sich der Mensch."

Meine abschließende Frage, die ich nun mittels dieses Schriftstückes übermitteln möchte, lautet dahin gehend, dass ich fragen möchte, welche Voraussetzungen es für die Gründung einer Privatschule bedarf, und Sie gleichzeitig inständig um Beantwortung eben dieser Frage bitten will – wohlwissend, dass ich dadurch Ihre Zeit stehle und Sie gleichzeitig der Ihnen zur Verfügung stehenden Lebenszeit beraube. Jedoch sehe ich in diesem Fall wegen der Ermangelung der Möglichkeiten keine andere Möglichkeit. Wäre sie vorhanden, würde ich dieses Schreiben nie geschrieben haben. Ich kann somit nur auf Ihr Verständnis und Ihre Einsicht hoffen.

Auf Ihre baldige Antwort harrend verbleibe ich hochachtungsvoll, mit den besten Grüßen

VDP / Verband Deutscher Privatschulverbände e.V.
Bundesgeschäftsstelle / Reinhardtstr. 18 / 10117 Berlin
Herrn Jürgen Sprenzinger
Dorfstraße 3
86441 Steinekirch

Berlin, 19. Juli 2010

Ihre Anfrage vom 10. Juli 2010
Gründung einer Schule in freier Trägerschaft

Sehr geehrter Herr Sprenzinger,

haben Sie vielen Dank für Ihre freundliche Anfrage, die uns am 15. Juli erreichte. Wir freuen uns, dass Sie sich für die Gründung einer Schule in freier Trägerschaft interessieren und möchten Ihnen gerne dabei behilflich sein.

Wir haben einige allgemeine Hinweise zur Gründung freier Bildungseinrichtungen für Sie zusammengestellt, sodass Sie als Gründungsinitiator einen ersten Überblick erhalten.

Der VDP Dachverband bietet auch im Rahmen seiner VDP-Akademie spezielle Seminare an, die bevorstehenden GründerInnen das notwendige juristische, wirtschaftliche und pädagogische Rüstzeug für ihr Vorhaben vermitteln soll. Eine Einladung für die nächste diesbezügliche Veranstaltung am 28. und 29. Oktober 2010 in Berlin senden wir Ihnen gerne in der nächsten Woche zu.

Da das Schulwesen aufgrund des deutschen Föderalismus in der Zuständigkeit der Länder liegt, werden Sie im Laufe Ihrer Bemühungen sicher auf landesspezifische Reglementierungen treffen. Insbesondere regionale Finanzierungsmöglichkeiten und Wartefristen unterscheiden sich von Bundesland zu Bundesland.

Daher empfehlen wir Ihnen, sich bei derartigen landesrechtlichen Angelegenheiten zu Finanzierung, Schulgeld und/oder Genehmigungshürden an den Geschäftsführer des VBP (Verband Bayrischer Privatschulen), Herrn Bernd Dietrich, zu wenden.

VDP
Verband Deutscher
Privatschulverbände e.V.

Bundesgeschäftsstelle
Reinhardtstr. 18
D - 10117 Berlin

t: 0 30 / 28 44 50 88 - 0
f: 0 30 / 28 44 50 88 - 9

vdp@privatschulen.de
www.privatschulen.de

Bankverbindung
Berliner Sparkasse
BLZ 100 500 00
Konto-Nr. 660 303 6060

Deutsche Kreditbank
BLZ 120 300 00
Konto-Nr. 100 121 2222

Finanzamt Berlin I
St.Nr. 27/620/58863

Auch bei der Erwägung einer Mitgliedschaft im VDP bzw. VBP wird Herr Dietrich Sie mit den jeweiligen Grundsatz- und Beitrittsdokumenten versorgen können. Sie erreichen Herrn Dietrich in der Regel unter:

VBP (Verband Bayrischer Privatschulen)
Innere Wiener Straße 7
81667 München
Telefon: 0 89 / 44 77 03 33
Telefax 0 89 / 44 77 03 34

Wir hoffen, dass wir Ihnen weiterhelfen konnten, und wünschen Ihnen viel Erfolg bei Ihrem Vorhaben.

Mit freundlichen Grüßen

Aylin Yilmaz
Büroleiterin

Anlagen

VDP / VERBAND DEUTSCHER PRIVATSCHULVERBÄNDE e.V.
Bundesgeschäftsstelle / Reinhardtstr. 18 / 10117 Berlin

Herrn Jürgen Sprenzinger
Dorfstraße 3
86441 Steinekirch

Berlin, 23. August 2010

Ihre Anfrage vom 10. Juli 2010
Einladung zum Schulgründerseminar in Berlin, 28./ 29.10.2010

Sehr geehrter Herr Sprenzinger,

wie versprochen, möchten wir Ihnen heute, wenn auch etwas später als gedacht, die Einladung zu unserem nächsten Schulgründerseminar im Rahmen der VDP-Akademie zukommen lassen.

Das Seminar **„Schulgründung: Chancen, Erfahrungen, Voraussetzungen"** vermittelt Ihnen am 28. und 29. Oktober 2010 eine umfassende erste Orientierung zu wesentlichen Rahmenbedingungen, Finanzierungsformen und Gründungsvoraussetzungen für eine Schule in freier Trägerschaft. Dabei werden Ihnen anhand von Fallbeispielen praktische Tipps an die Hand gegeben. Außerdem haben Sie die Gelegenheit, sich mit anderen Schulgründern auszutauschen.

Als Referenten konnten wir Dr. Thomas Tillmann gewinnen, der auf Basis langjähriger Erfahrungen als Unternehmensberater die Privatschullandschaft in Deutschland kennt und bereits zahlreichen Schulgründungen beratend zur Seite gestanden hat.

Weitere Informationen zum Seminar und ein Anmeldefax finden Sie in der angefügten Einladung. Wir würden uns freuen, Sie in Berlin begrüßen zu dürfen und stehen für Rückfragen gerne zur Verfügung.

Mit freundlichen Grüßen

Aylin Yilmaz
Büroleiterin

Anlagen

VDP
VERBAND DEUTSCHER
PRIVATSCHULVERBÄNDE E.V.

BUNDESGESCHÄFTSSTELLE
Reinhardtstr. 18
D - 10117 Berlin

t: 0 30 / 28 44 50 88 - 0
f: 0 30 / 28 44 50 88 - 9

vdp@privatschulen.de
www.privatschulen.de

Bankverbindung
Berliner Sparkasse
BLZ 100 500 00
Konto-Nr. 660 303 6060

Deutsche Kreditbank
BLZ 120 300 00
Konto-Nr. 100 121 2222

Finanzamt Berlin I
St.Nr. 27/620/58863

Die Allgemeinen Geschäftsbedingungen
der VDP-Akademie

I) Anmeldung

1) Mit seiner Anmeldung erkennt der Seminarteilnehmer die folgenden allg. Geschäftsbedingungen an.

2) Die Anmeldung kann per Post, per Fax oder per E-Mail erfolgen. Hierzu ist das vorgesehene Formular in der Veranstaltungsankündigung zu verwenden. Die schriftliche Anmeldung ist verbindlich.

3) Bei allen Seminaren ist die Teilnehmerzahl begrenzt. Die Belegung der Seminarplätze folgt in der Reihenfolge des Eingangs der schriftlichen Anmeldungen. Sobald die Mindestteilnehmerzahl von zehn Personen gegeben ist, erhalten die Teilnehmer eine Anmeldebestätigung. Die Anmeldedaten werden vertraulich behandelt und nicht an Dritte weitergegeben.

II) Stornierung und Umbuchung

1) Stornierungen müssen bei der VDP-Akademie schriftlich eingehen. Bis zu 14 Tage vor Seminarbeginn ist ein Rücktritt kostenfrei. Bis zu sieben Tagen vor Beginn des Seminars werden 50% der Seminargebühr berechnet. Bei danach eingehenden Absagen werden die vollen Seminargebühren in Rechnung gestellt.

2) Eine Umbuchung von Seminaren ist bis zu 14 Tage vor Seminarbeginn kostenfrei möglich. Danach eingehende Umbuchungswünsche können unter Berechnung von 30% der ursprünglichen Seminargebühr vorgenommen werden.

III) Stornierung durch die VDP-Akademie

Die VDP-Akademie behält sich das Recht vor, trotz erfolgter Anmeldebestätigung bei Vorliegen von durch die VDP-Akademie nicht zu vertretenden Umstände (z.Bsp.: Erkrankung oder sonstiger Ausfall des Dozenten), das Seminar bis einen Tag vor Seminarbeginn abzusagen. Die VDP-Akademie bemüht sich in einem solchen Falle, geeignete Ersatztermine oder Alternativlösungen vorzuschlagen. Im Falle eines ersatzlosen Ausfalls werden bereits gezahlte Seminargebühren erstattet. Die Kosten, die dem Teilnehmer durch den Ausfall entstehen (z.B. Arbeitsausfall, Reisekosten und Ansprüche Dritter), können gegenüber der VDP-Akademie nicht geltend gemacht werden.

IV) Zahlungsbedingungen

1) Die aktuellen Seminargebühren sind unserer Homepage bzw. unserem Seminarprogramm zu entnehmen. Es gelten die zum Zeitpunkt der Anmeldung veröffentlichen Seminargebühren. Die nur zeitweilige Teilnahme an einem Seminar berechtigt nicht zur Minderung der Seminargebühren. Indirekt mit dem Seminar anfallende Kosten (z.B. Anfahrts- und Übernachtungskosten) sind von dem Teilnehmer selbst zu tragen.

2) Der Teilnehmer erhält mit der Anmeldebestätigung eine Rechnung über die Seminargebühren. Diese sind im Vorfeld des Seminars unbar auf das angegebene Konto zu überweisen. Die Kosten eines etwaigen Zahlungsverzugs werden dem Teilnehmer in Rechnung gestellt.

V) Gewährleistung

Die Auswahl der passenden Seminarangebote liegt im Verantwortungsbereich des Teilnehmers, die VDP-Akademie berät Sie jedoch gerne. Jede Fortbildung wird gewissenhaft vorbereitet und durchgeführt. Eine Haftung für Schäden durch unzutreffende Inhalte und Empfehlungen, die Verwertung erworbener Kenntnisse, technische Ausfälle oder sonstige Unzulänglichkeiten kann nicht übernommen werden. Die VDP-Akademie haftet nicht für Schäden, die mittelbar oder unmittelbar durch die Durchführung einer Fortbildung entstehen, ausgenommen, diese Schäden sind von der VDP-Akademie vorsätzlich oder grob fahrlässig verursacht worden.

VI) Datenschutz/Datenspeicherung

1) Hinweis nach § 33 BDSG: Die Speicherung und Verarbeitung der Kundendaten erfolgt unter strikter Beachtung des Bundesdatenschutzgesetzes. Die Daten der Seminarteilnehmer werden in Form von Namen, Adresse und Kommunikationsdaten des Wohn- bzw. Geschäftssitzes gespeichert.

2) Der Seminarteilnehmer ist damit einverstanden, dass die Deutsche Post AG der VDP-Akademie die zutreffende aktuelle Anschrift mitteilt, soweit eine Postsendung nicht unter der bisher bekannten Anschrift ausgeliefert werden konnte (§ 4 Postdienst-Datenschutzverordnung).

VII) Sonstiges

Weitergehende Änderungen oder Ergänzungen dieser Bedingungen bedürfen der Schriftform. Diese Allgemeinen Geschäftsbedingungen bleiben auch bei rechtlicher Unwirksamkeit einzelner Bedingungen in ihren übrigen Teilen verbindlich. Gerichtsstand ist Berlin.

Berlin, 30.03.2009

Jürgen Sprenzinger
Dorfstraße 3
86441 Steinekirch

Allianz Deutscher Produzenten
Film & Fernsehen e. V.
Charlottenstraße 65

10117 Berlin

Steinekirch, 7. Juni 2010

Sehr geehrte Damen und Herren,

ich bin der Sprenzinger Jürgen aus Steinekirch. Schon seit meiner Kindheit hab ich
den Wunsch gehabt, ins Fernsehen zu kommen, aber keiner hat mich lassen. Meine
Mutter hat immer gesagt, ich sei zu hässlich und hätte abstehende Ohren, was aber
heute überhaupts gar nicht mehr stimmt, weil sich meine Ohren zwischenzeitlich
um etwa 1,8 cm an den Kopf angelegt haben.

Ich bin schauspielerisch unheimlich begabt, das hat mir meine ganze Verwandtschaft bestätigt. Auch musikalisch bin ich ziemlich. Ich spiel seit meinem
6. Lebensjahr Mundharmonika und das rauf und runter, wie es gerade braucht.

Der Schönmetzler Franz, was mein Kumpel ist, hat gesagt, ich hätte eine Mimik
wie eine Sau und einen Charakterkopf, den man so leicht nicht wieder findet. Und
der hat mir auch gesagt, ich soll mich an Sie wenden, weil Sie mich dann vielleicht weitervermitteln täten. Und genau desderwegen schreib ich Ihnen mit der
höflichen Bitte, mich weiterzuvermitteln, weil Sie doch einen Haufen Beziehungen haben zu Produktionsfirmen und so und ein unabhängiger Verband seien.
Zumindest behauptet das der Schönmetzler Franz und der ist sehr gescheit, weil er
Elektriker ist.

Wenn Sie da was für mich machen könnten, wäre ich Ihnen tief dankbar für alle Zeiten.

Ich täte mich wahnsinnig freuen, wenn ich was von Ihnen hören täte.

Mit freundlichen Grüßen aus Bayern

Nachtrag

Tja – dieser Brief war eigentlich unnötig, da ich schön öfter im Fernsehen war. Deshalb war ich auch über die fehlende Antwort nicht sonderlich traurig. Es geht also auch ohne die „Allianz Deutscher Produzenten" …

Jürgen Sprenzinger
Dorfstraße 3
86441 Steinekirch

Bayerisches Staatsministerium
Für Unterricht und Kultus
Salvatorstraße 2

80327 München

Steinekirch, 24. Juli 2010

Sehr geehrte Damen und Herren,

da ich gehört habe, dass häufig Lehrer bereits mit 60 in Frühpension gehen, frage ich hiermit höflichst an, ob Sie mir zwecks Gründung einer Privatschule vielleicht ein paar Lehrkräfte zur Verfügung stellen können, die auch bereit wären, Kinder in Ausnahmefällen körperlich zu züchtigen, um wieder echtes Deutschtum und echte deutsche Zucht in die Jugend zu bringen, auf dass selbige später dann auch entsprechend lebenstüchtig ist und in der Lage, mit beiden Beinen gleich einer Säule im Leben zu stehen.

Auch ich bekam während meiner Schulzeit sogenannte „Kopfnüsse", „Tatzen" oder „Hosenspanner" und musste des Öfteren auch „in der Ecke stehen". Heute weiß ich, dass es mir weder körperlich noch psychisch oder gar geistig geschadet hat.

Gerade diese älteren Lehrer besitzen ja oft eine enorme Erfahrung, ein ebensolches Wissen und sind meist altgediente Pädagogen, sie haben oft noch eine gewisse Handfertigkeit, was Bestrafungsinstrumente wie Bambus- oder Rohrstock betrifft, und sind nicht derart verweichlicht wie so viele Junglehrer/innen.

Ich nehme an, dass Sie als Kultusministerium hier sicherlich in der Lage sein werden, mir geeignete Personen vermitteln, worüber ich Ihnen sehr dankbar wäre.

Die vermittelten Lehrer würde ich gerne in Teilzeitarbeit auf 400-Euro-Basis beschäftigen und bin mir sicher, dass mancher davon gerne seine Pension aufbessern würde.

Für Ihre Hilfe besten Dank.

Hochachtungsvoll

Jürgen Sprenzinger

Nachtrag

Leider bekam ich keine Antwort vom Kultusministerium. Weshalb, ist mir schleierhaft. Vielleicht finden meine „Erziehungsmethoden" heute nicht mehr so den rechten Anklang, was bedauerlich ist, denn die gesellschaftliche mentale Degeneration wird immer augenscheinlicher. Ich hätte gerne etwas dagegen getan, aber die lassen mich ja nicht …

Jürgen Sprenzinger
Dorfstraße 3
86441 Zusmarshausen

Bundesstelle für Flugunfalluntersuchung
Hermann-Blenk-Straße 16

38108 Braunschweig

Zusmarshausen, 26. Nov. 2009

Sehr geehrte Damen und Herren,

ich hab da ein Problem. Meine Oma ist gerade 87 geworden. Sie ist sonst noch
recht rüstig, aber gestern ist sie leider die Treppen hinunter geflogen und deshalb
verunfallt. Nicht nur das, sondern sie ist auch noch verunstaltet. Es handelt sich
hier ohne jeden Zweifel um einen Flugunfall.

Nun wollt ich mich bei Ihnen auf diesem Wege erkundigen, ob ich eventuell bei
Ihnen einen Termin zwecks Untersuchung meiner Oma kriegen könnte, damit man
mittels einer Untersuchung feststellen könnte, ob bei meiner Oma noch alles in
Ordnung ist. Sie macht zwar äuserlich einen einigermaßen normalen Eindruck,
aber innerlich wissen wir es nicht, denn wir sind nicht in der Lage, in die Oma hin-
einzuschauen. Das wäre dann Ihr Job, und ich nehm an, auch kein Problem für Sie.

Bitte teilen Sie mir mit, was so eine Untersuchung bei Ihnen kosten würde. Da die
Oma schon alt ist, werden Sie verstehen, dass ich für die Oma nicht mehr als
höchstens 500 Euro ausgeben möchte, weil es sich dann nicht mehr rentiert. Die
Oma amortisiert sich in dem Alter nicht mehr.

Für einen Kostenvoranschlag nebst einem Termin wäre ich Ihnen sehr dankbar. Es
sollt nur relatif schnell gehen, nicht dass die Oma einen Rahmenschaden hat, und
wir wissen das nicht.

Mit freundlichen Grüssen

Nachtrag

Leider keine Antwort – was ich allerdings nicht so ganz tragisch nahm, denn ich hab gelogen. Meine Oma, Gott hab sie selig, starb bereits in den 80er Jahren und ist somit längst jenseits von Gut und Böse. Aber man probiert's halt …

Jürgen Sprenzinger
Dorfstraße 3
86441 Zusmarshausen

Bundesministerium für Gesundheit
Referat Schweinegrippeabteilung

11055 Berlin

Zusmarshausen, 2. Dezember 2009

Sehr geehrte Damen und Herren,

meine Frau und ich ärgern uns ständig über die Schweinegrippe. Nicht weil wir sie haben, sondern weil man immer wieder hört und liest, wie ansteckend die doch ist, was nämlich gar nicht stimmt. Vermutlich will nur die Pharmaindustrie wieder mal ein Geschäft machen.
Ein Nachbar von uns hat die Schweinegrippe gehabt, die war aber leider nach 2 Tagen wieder weg bei ihm, allerdings ohne Impfung. Wir haben das sehr bedauert, weil unser Nachbar sich immer benimmt wie ein Schwein, er hat als Mensch keinen Charakter und als Schwein zu kleine Ohren. Aber deswegen schreib ich Ihnen gar nicht, sondern ich hätte da ein paar Fragen an Sie:

1.) Mein Kumpel Franz und ich planen, eine eigene Krankenkasse zu gründen, da uns das allgemeine Gesundheitswesen zu teuer ist und außerdem so marode, dass es auf keine Kuhhaut nicht geht. Das hört man jeden Tag in den Nachrichten. Das heißt also im Klartext, wir wollen eine Krankenkasse gründen, später vielleicht sogar ein eigenes Krankenhaus. Ist das von der Gesetzeslage her möglich?

2.) Man hat die Schweinkrippe bei uns in Bayern ja nun in „Neue Grippe" getauft. Gerade jetzt, in der vorweihnachtlichen Zeit, finden der Franz und ich das fantasielos und fragen uns, warum es nicht möglich ist, diese Schweinekrippe in Anbetracht des aktuellen Atzvent und bevorstehenden Weihnachtsfestes doch „Ochs-und Esel-grippe" zu nennen, im Fasching könnte man sie dann „Narrengrippe" nennen und an Ostern könnte man die „Osterhasengrippe" daraus machen. Dann hätten auch die Medien etwas mehr Abwechslung, und für die Leute wäre es auch netter, denn wenn

86

man immer nur Schweinegrippe hört, dann langweilt man sich mit der Zeit. Und damit würde man auch gleich mehr Tiere in den Vordergrund stellen, schließlich gibt es ja nicht nur das Schwein, das sich sicherlich durch die Bezeichnung „Schweinegrippe" saumäßig geehrt fühlt, denn welches Tier hat schon seine eigene Grippe?

Es wäre nett von Ihnen, wenn Sie diese Fragen beantworten könnten, denn gerade die Sache mit der Krankenkasse ist sehr dringend, weil wir mit unserer Idee nämlich schon einen ziemlichen Andrang haben.

Hochachtungsvoll verbleibend

Freiheit
Einheit
Demokratie

Bundesministerium für Gesundheit, 53107 Bonn

Jürgen Sprenzinger
Dorfstraße 3
86441 Zusmarshausen

REFERAT	222
BEARBEITET VON	Tina Vogel
HAUSANSCHRIFT	Rochusstraße 1, 53123 Bonn
POSTANSCHRIFT	53107 Bonn
TEL	+49 (0)228 99 441-2221
FAX	+49 (0)228 99 441-4978
E-MAIL	Tina.Vogel@bmg.bund.de
INTERNET	www.bmg.bund.de

Bonn, 14. Januar 2010
AZ 222-96/Sprenzinger/10

Sehr geehrter Herr Sprenzinger,

vielen Dank für Ihr Schreiben vom 2. Dezember 2009 und Ihr darin zum Ausdruck gebrachtes Engagement für ein funktionsfähiges Gesundheitswesen in der Bundesrepublik Deutschland.

Leider ist die Gründung einer Krankenkasse durch Privatpersonen von der Gesetzeslage her nicht zulässig. Falls Sie Interesse haben, können Sie die Bestimmungen für die Errichtung von gesetzlichen Krankenkassen im Einzelnen in den §§ 143 ff. des Sozialgesetzbuches Fünftes Buch (SGB V) nachlesen, die auch im Internet (www.gesetze-im-internet.de) frei zugänglich sind. Ihre Vorschläge zur Namensgebung für die neue Grippe habe ich mit Interesse zur Kenntnis genommen und bin gespannt, ob sie sich umgangssprachlich in Bayern durchsetzen werden. Ernst gemeinte Vorschläge können Sie gerne an das Robert-Koch-Institut oder die Weltgesundheitsorganisation richten.

Mit freundlichen Grüßen
Im Auftrag

Dr. Brigitte Bernardi

Jürgen Sprenzinger
Dorfstraße 3
86441 Steinekirch

An
Deutsch-Rumänische Gesellschaft e. V.
c/o Janna Jähnig
Karolinenstraße 1

14165 Berlin

Steinekirch, zweites Oktober 2010

Sehr geehrtes Frau Jähnig,

ich leider mitteilen muss, dass ich hab große Problem. Bin seit 14 Jahr verheirat mit rumänisches Frau was lebt mit mir seit 16 Jahr in Deutschland. Frau aber nur schwer sprechen deutsches Sprach, ich nix spreche rumänisch und ich hab unterhalten mit ihr immer in Radebrech.

Leider ist so, dass ich Radebrech mir angewöhnt hab und jetzt nicht mehr kann spreche oder schreibe richtiges Deutsch, was schuld ist selbstverstendlich mein Frau, was ist aus Rumänien, obwohl ich bin deutsch.

Hab ich jetzt erfahre dass Sie fördern menschliche und sonstige Beziehungen in Ihre Gesellschaft unabhängig von Glaube, weil ich katolisch, mein Frau aber ortodoxe.

Jetzt meine Frage an Sie ist, ob Sie helfe könne uns beide. Ich wolle wieder richtig spreche und schreibe in deutsch und Adina, was ist mein rumänisches Frau, endlich soll lerne richtig spreche mit mir weil ich sonsten irr werd in Kopf und nix mehr anders kann, nur Radebrech.

Nett wär, wenn Sie helfen können täten uns beide weil ist schreckliches Zustand, weil unsere Kind auch schon anfangt mit Radebrech und wenn Kind kommt in

Schule, dann ganz arg ist weil Kind nix verstande wird von andere Kinder und von Lehrer.

Ich hoffen auf Antwort von Ihne und Hilfe, was hoffentlich kommt, sonst warscheinlich Radebrech bis Ende von Leben.

Mit freundliche Gruß

Deutsch-Rumänische Gesellschaft Berlin e.V.

Berlin, den 23.11. 2010

Dr. Gerhard Köpernik Dernburgstr.55 14057 Berlin

Jürgen Sprenzinger
Dorfstr.3

86441 Steinekirch

Sehr geehrter Herr Sprenzinger,

Frau Jähnig hat mir Ihr Schreiben vom 2. Oktober 2010 gegeben.

Die Deutsch-Rumänische Gesellschaft Berlin kann Ihnen bei Ihrem
Sprachproblem nicht helfen. Ich kann Ihnen lediglich raten, deutsche
Zeitungen oder Bücher zu lesen sowie Radio und Fernsehen zu hören.
Suchen Sie den Kontakt mit deutschen Freunden und Nachbarn. Schicken
Sie Ihr Kind in den Kindergarten. Es gibt auch Bücher „Deutsch für
Ausländer", die vielleicht helfen könnten.

Mit freundlichen Grüßen

Jürgen Sprenzinger
Dorfstraße 3
86441 Zusmarshausen

Klinikum Augsburg
Leitung
Stenglinstraße 2

86156 Augsburg

Zusmarshausen, 2. Dezember 2009

Sehr geehrte Damen und Herren,

ich hätte da eine unverbindliche Anfrage, weil ich ein Problem hab.

Schon seit jungen Jahren wollte ich immer Arzt werden, doch leider hat es finanziell und auch geistig nie zu einem Studium gereicht, und als es dann gereicht hat, war ich schon zu alt. Ich habe dann so nebenbei neben meinem Beruf als Metzger auch noch, nur so für mich, in nächtelanger Arbeit Medizin studiert und mich schließlich auf die Gynäkologie festgelegt.

Zwischenzeitlich sieht es so aus, dass ich freiberuflicher Hobby-Operateur im gynäkologischen Bereich bin und problemlos links- sowie rechtshändig ein Skalpell führen kann. Mein Sohn, der zwischenzeitlich 11 geworden ist, macht dabei immer die Narkosen und betätigt sich als Anästhesist, wenn er nicht gerade mit seinen Kumpels unterwegs ist. Er macht fantastische Kurznarkosen. Meistens nimmt der Bub Propofol dazu (intravenös), wenn's länger dauern soll, verwendet er Isofluran (mittels eingeführtem Schlauch in Nase und Rachen). Jetzt fragen Sie mich nicht, woher der Bub das Zeug bekommt, ich misch mich da nicht ein, das ist seine Sache.

Aber das wollte ich Ihnen eigentlich gar nicht schreiben, sondern Tatsache ist, dass ich zwischenzeitlich bereits sämtliche weibliche Bekannten und auch deren Freundinnen untersucht und teilweise auch sterilisiert hab und zwischenzeitlich so einen Zulauf hab, dass ich nicht mehr weiß, wohin mit den Patientinnen. Bei mir geht's

92

teilweise zu wie in einem Wöchnerinnenheim. Ich war schon gezwungen, Betten in meiner Garage aufzustellen, weil das Wohnzimmer und die Küche voller Frauen waren. Ich kann die Damen ja nicht stapeln.

Jetzt hätte ich da eine Frage an Sie: Ist es möglich, dass Sie mir ein paar Belegbetten zur Verfügung stellen könnten? Ich bräuchte so drei bis vier in der Woche. Allerdings sollte das nicht all zu viel kosten, weil es ja nur ein Hobby ist. Ich würde meinen Beruf als Metzger nämlich nie aufgeben. Meistens operiere ich auch nur am Wochenende.

Was mich auch interessieren würde: Wäre es möglich, ab und zu mal einen Operationssaal bei Ihnen zu mieten? Weil ich nämlich in meiner Küche immer Probleme hab mit der Keimfreiheit, außerdem ist die nur etwa 12 Quadratmeter groß, und deswegen stoße ich mit dem Operationstisch immer an den Geschirrschrank, was natürlich jedes Mal gewaltig scheppert, das können Sie sich vermutlich lebhaft vorstellen. Bereits zweimal ist mir eine Patientin deswegen aus der Narkose aufgewacht, was für den Operationsverlauf nicht gerade günstig ist. Aber da erzähl ich Ihnen vermutlich auch nichts Neues.

Wenn Sie mir einen günstigen Kostenvoranschlag machen täten, wäre ich Ihnen sehr dankbar. Ich wäre stolz darauf, gerade im Klinikum operieren zu dürfen, denn Sie haben seit Jahren einen sehr guten Ruf, und die Sterblichkeitsrate bei Ihnen geht gegen null. Zumindest liest man nie etwas Negatives in der Zeitung.

Einen schönen Advent wünsch ich Ihnen, es wäre schön, wenn es klappen täte.

Mit kollegialen Grüßen

Jürgen Sprenzinger

Anmerkung

Dieser Brief wurde vom Klinikum Augsburg nicht beantwortet. Doch als ich eine Woche später völlig ahnungslos beim Frühstück saß, läutete es an der Haustür. Draußen standen zwei Herren von der Kriminalpolizei, hielten mir die Ausweise vor die Nase und meinten dann: „Aha – Sie sind das …" Anschließend wollten sie meinen Operationssaal besichtigen – wobei sie sich das Lachen kaum mehr verbeißen konnten. Sie seien nun mal verpflichtet, die Sache zu überprüfen, meinten die beiden Herren grinsend.
Für mich der schlagende Beweis: Die Kripo hat wesentlich mehr Humor als das Augsburger Klinikum …

Ich ließ die Sache jedoch nicht auf sich beruhen, sondern sandte nachfolgenden Brief ab:

Jürgen Sprenzinger
Dorfstraße 3
86441 Zusmarshausen

Klinikum Augsburg
Leitung
Stenglinstraße 2

86156 Augsburg

Zusmarshausen, 14. Dezember 2009

Sehr geehrte Damen und Herren,

leider muss ich Ihnen hiermit mitteilen, dass ich schwer beleidigt bin, alldieweil
Sie mir die Kriminalpolizei auf den Hals gehetzt haben, obwohl ich ein unschuldi-
ger Bürger und ein völlig unbedarfter Hobby-Operateur bin, der bislang nie auf-
fällig war und das Skalpell seit Jahren fehlerfrei geführt hat.

Die Kripo konnte mir allerdings bei meinem Anliegen auch nicht weiterhelfen,
denn die haben nur Gefängniszellen, aber keine Belegbetten, sodass ich gezwungen
war, mich mit dem Großklinikum Großhadern in München in Verbindung zu setzen. Bislang sieht es sehr gut aus, und ich bin deshalb gar nicht auf Sie angewiesen.
Die bringen mir viel mehr Verständnis entgegen für meine Nöte.

Sie hätten an mir sicherlich ein paar Euro verdienen können, aber wenn Sie nicht
wollen, kann ich auch nichts machen.

Mit kollegialen Grüßen

Jürgen Sprenzinger
Dorfstraße 3
86441 Steinekirch

Bundesministerium der Finanzen
Wilhelmstraße 97

10117 Berlin

Steinekirch, 25.09.2010

Sehr geehrtes Finanzamt!

Es geht um folgendes: Zwischenzeitlich bin ich ein alter Dackel und hab mein
Leben lang gebuckelt und geschuftet und immer brav meine Steuern bezahlt, weil
ich nämlich immer ein relatif ordentlicher Bürger war. Für meine Steuern hab ich
ein Leben lang nichts zurückbekommen, lediglich einen Steuerbescheid und nicht
mal ein Dankeschön, obwohl ich den Staat fast nie gebraucht hab. Auch hat man
mir nie gesagt, für was meine Steuern eigentlich benutzt worden sind.

Jetzt hätte ich eine Frage an Sie: Ist es möglich, mich zukünftig vom bestehenden
Steuersystem auszuschließen, weil ich aufgrund der Finanzkrise mein Geld jetzt
selber brauch. Die Finanzkrise hat nämlich auch mich erreicht, was ich ja nie
gedacht hätte. Aber sie hat mich so hart erwischt, dass mein Geld hinten und vorn
nicht reicht, was ja nicht normal sein kann, denn vor der Finanzkrise hatte ich da
nie ein Problem.

Was ich noch fragen wollt: Ist es möglich, dass ich aus dem Staat austrete und aus-
wandere?
Ein Kumpel von mir hat mir erzählt, dass das anscheinend möglich ist, vorausgesetzt, man verzichtet auf die Rente und alle sonstigen Sozialleistungen, was ich
auch tun täte, denn das Rentensystem ist eh ein Quatsch, denn das mit der Alters-
pyramiede wird ja bekanntlich immer schlimmer, und auch dieser Professor
Sarrazin hat ja in seinem Buch geschrieben, dass sich Deutschland jetzt selber
abschafft. Daran möchte ich nicht beteiligt sein, da wandere ich lieber aus.

Es wäre nett von Ihnen, wenn Sie mir ein günstiges Steuerparadies empfehlen könnten, in dem man einigermaßen vernünftig leben könnte. Oder vielleicht ein Land, das nicht so ein hochkompliziertes Steuersystem wie Deutschland hat, wo keine Sau mehr einen Durchblick hat.

Für Ihre Mühe danke ich Ihnen im vorhinein.

Mit freundlichen Grüßen

 Bundesministerium der Finanzen

 Freiheit
Einheit
Demokratie

Leitungsstab
Referat Bürgerangelegenheiten

POSTANSCHRIFT Bundesministerium der Finanzen, 11016 Berlin

Herrn
Jürgen Sprenzinger
Dorfstraße 3
86441 Steinekirch

HAUSANSCHRIFT Wilhelmstraße 97, 10117 Berlin
TEL +49 (0) 30 18 682-33 00
FAX +49 (0) 30 18 682-22 97
E-MAIL buergerangelegenheiten@bmf.bund.de
DATUM 18. Oktober 2010

GZ **2010/0802303**
DOK **2010/0805347**
(bei Antwort bitte GZ und DOK angeben)

Sehr geehrter Herr Sprenzinger,

vielen Dank für Ihren Brief vom 25. September 2010 an das Bundesministerium für Finanzen. Aufgrund der zahlreichen Eingaben komme ich leider erst heute dazu, Ihnen zu antworten.

Sie schreiben, dass Sie Ihr Leben lang hart gearbeitet und immer Ihre Steuern bezahlt haben. Das ist sehr lobenswert. Nun fragen Sie sich, wo eigentlich genau Ihr Geld geblieben ist. Alle Einnahmen und Ausgaben des Bundes werden im Bundeshaushaltsplan detailliert aufgelistet. Ein Exemplar von diesem Bundeshaushaltsplan steht vermutlich auch bei Ihnen in einer öffentlichen Bibliothek; ansonsten können Sie ihn im Internet auf den Seiten des Bundesfinanzministeriums einsehen. Fast die Hälfte der Gesamtausgaben fließen in das Arbeits- und Sozialversicherungssystem. Deutschland zeichnet sich als Sozialstaat insbesondere dadurch aus, dass allen Bürgern ein menschenwürdiges Leben zugesichert wird. Jeder Mensch, der seine Arbeit verliert oder keine Arbeit findet ist somit finanziell abgesichert, Sie eingeschlossen.

Selbstverständlich steht es jedem Menschen in Deutschland offen, in ein anderes Land auszuwandern. Ob das empfehlenswert ist sei jedoch dahingestellt. Letztlich hat jedes „Steuerparadies" einen Haken. Denn ohne Steuern hat ein Staat kein Geld, ohne Geld kann der Staat nicht viel für seine Bewohner tun. Länder, in denen Sie weniger Steuern zahlen, leisten auch grundsätzlich weniger. Letztlich kann und muss das aber jeder Mensch frei für sich entscheiden.

www.bundesfinanzministerium.de

Seite 2 Hinsichtlich der Komplexität des Steuersystems gebe ich Ihnen Recht, dass der jetzige Zustand unbefriedigend ist. Die Bundesregierung plant daher Anfang des kommenden Jahres Vorschläge zur Steuervereinfachung vorzulegen.

Mit freundlichen Grüßen

Im Auftrag

Michael Leisinger

Jürgen Sprenzinger
Dorfstraße 3
86441 Steinekirch

An das
Luftfahrt-Bundesamt

38144 Braunschweig

Steinekirch, 29. Dezember 2009

Sehr geehrte Damen und Herren,

mit meinem Freund Franz habe ich zusammen in jahrelanger mühevoller Arbeit
eine Raumstation gebaut, die wir bis voraussichtlich April 2010 in den Orbit bringen wollen. Das Projekt nennt sich JF4548 und hat eine Nutzungsfläche von etwa
300 Quadratmetern, wobei für die Jahre 2010-2014 ein weiterer Ausbau in Form
von Laboratorien, Aufenthalts- und Fitnessräume geplant ist. Später ziehen wir
vielleicht noch ein Schwimmbad nach, wobei sich hier natürlich gewaltige Gravita-
tionsprobleme ergeben, die natürlich noch gelöst werden müssten.

Mit der Firma Alround in Bonn haben wir bereits Kontakt aufgenommen wegen
Beschaffung von Trägerraketen. Diese Firma hat uns aber vorsorglich und dankens-
werter Weise darauf hingewiesen, dass auch im Orbit Verkehrsregeln zu beachten
sind, die Sie uns mitteilen könnten, da sie Ihnen als Bundesluftfahrtamt mit Sicherheit bekannt sind.

Wir möchten verständlicherweise alles richtig machen und weder mit der NASA
noch mit den Russen oder Chinesen in einen Konflikt geraten, der aufgrund unserer
Unkenntnis bzw. Unachtsamkeit vielleicht sogar den Weltfrieden stören könnte.

Deshalb bitte ich Sie um Zusendung eventuell Ihnen vorliegender Regelwerke.
Wir werden uns strikt daran halten.

Für Ihre Mühe besten Dank.

Mit freundlichen Grüßen

Luftfahrt-Bundesamt
Bundesoberbehörde im Geschäftsbereich des Bundesministeriums für Verkehr, Bau und Stadtentwicklung (BMVBS)

Luftfahrt-Bundesamt - 38144 Braunschweig

Herr
Jürgen Sprenzinger
Dorfstr. 3

86441 Steinekirch

Ihr Zeichen:	
Ihre Nachricht vom:	29.12.2009
Unser Zeichen:	1060601-Z5Zkr7-Sprenzinger
Unsere Nachricht vom:	
Auskunft erteilt:	Bürger-Service-Center
Telefon:	0531 2355-115
Fax:	0531 2355-707
E-Mail:	fluggastrechte@lba.de
Datum:	08. Januar 2010

Ihr Schreiben vom 29.12.2009

Sehr geehrter Herr Sprenzinger!

Vielen Dank für Ihre Anfrage an das Luftfahrt-Bundesamt in Braunschweig.

Wir können Ihnen mitteilen, dass das Luftfahrt-Bundesamt hinsichtlich der Überwachung der Verkehrsregeln im Orbit keine Zuständigkeiten hat. Regelwerke zu diesem Thema liegen uns leider nicht vor.

Mit freundlichen Grüßen
Im Auftrag

Martina Seemann

Jürgen Sprenzinger
Dorfstraße 3
86441 Zusmarshausen

Fachverband Seile und Anschlagmittel e. V.
Prinz-Georg-Straße 106

40479 Düsseldorf

Zusmarshausen, 28. Januar 2009

Sehr geehrte Damen und Herren,

ich bin ein absoluter James Bond-Fan und kenne jeden Film mit James Bond. Am besten gefällt mir der Film „Man lebt nur zweimal" mit Sean Connery. Aber das wollte ich Ihnen eigentlich gar nicht schreiben.

Warum ich Ihnen schreibe, hat folgenden Grund: Meine Absicht ist es, in fünf Jahren, wenn ich in Rente gehe, noch einmal als Geheimagent neu anzufangen und mich ausbilden zu lassen, da ich mental und körperlich noch in einem hervorragenden Zustand bin. Meine Blut- und Cholesterinwerte entsprechen denen eines 35jährigen. Auch mein Testosteronspiegel ist noch überdurchschnittlich hoch. Da ich mich als Geheimagent vermutlich des öfteren abseilen und wahrscheinlich auch Anschläge durchführen muss, wäre ich sehr dankbar um Ihren Rat bezüglich Seilen und Anschlagmitteln. So beschäftigen mich beispielsweise Fragen dieser Art: Welches Seil ist am besten für Geheimagenten geeignet und welche effizienten Anschlagmittel benutzt man heutzutage und wo bekommt man sie her?

Ein Freund hat mir empfohlen, diesbezüglich bei Ihnen nachzufragen, ich selbst habe bislang nicht gewusst, dass es dafür sogar einen Fachverband gibt, und bin natürlich erfreut darüber, endlich eine kompetente Stelle für mein Anliegen gefunden zu haben.

Ich nehme an, Sie können mir für mein Anliegen eine kompetente Auskunft geben, und danke Ihnen im voraus.

Mit freundlichen Grüßen

Nachtrag

Blöd ist das. Jetzt bleib ich nur Schriftsteller und werde kein Geheimagent, weil mir die Antwort und somit auch die Anschlagmittel fehlen. Ich frag mal bei Osama bin Laden nach …

Jürgen Sprenzinger
Dorfstraße 3
86441 Zusmarshausen

EUROPARC Deutschland e. V.
Friedrichstraße 60

10117 Berlin

Zusmarshausen, 28. Januar 2009

Sehr geehrte Damen und Herren,

mit vorliegendem Schreiben teile ich Ihnen mit, dass ich Gartenbesitzer bin. Die Fläche meines Gartens beträgt etwa 400 Quadratmeter. Ich plane für das Jahr 2011, daraus vorerst einen Naturpark zu machen.
Für 2012 ist dann eine Erweiterung zum Nationalpark geplant, in deren Zuge nicht nur eine Erweiterung der Flora angedacht ist, sondern auch der Fauna, vorzugsweise Löwen, Leoparden, eventuell ein bis zwei Elefanten und ein Zebrapärchen.
Nun möchte ich dieses Ereignis natürlich bewerben und kommunizieren, da so ein Nationalpark schließlich sehr viel Geld kosten dürfte und ich somit auf Einnahmen, sprich Besucher, angewiesen bin.
Für einen Rat, in welcher Form dies geschehen könnte, wäre ich Ihnen sehr dankbar. Besteht eventuell die Möglichkeit eines finanziellen Zuschusses von Ihrer Seite?

Gleichzeitig möchte ich anfragen, ob ich meinen Nationalpark bei Ihnen anmelden muss, da er ja kommerziell verwertet wird.
Für eine rasche Auskunft wäre ich Ihnen sehr dankbar, denn wir haben bereits Ende Januar, und der Frühling steht vor der Tür. Und spätestens Ende März geht bei mir die Gartenarbeit und die Umgestaltung los.

Vielen Dank für Ihre Mühe.

Mit freundlichen Grüßen

EUROPARC Deutschland · Friedrichstrasse 60 · 10117 Berlin

Herr
Jürgen Sprenzinger
Dorfstraße 3
86441 Zusmarshausen

Ihr Zeichen, Ihre Nachricht vom	Unser Zeichen	Name, Durchwahl	Ort, Datum
	NK	Kuschniok, -19	Berlin, 26.02.2010

Anfrage Unterstützung bei der Eröffnung eines neuen Nationalparks

Sehr geehrter Herr Sprenzinger,

herzlichen Dank für Ihre Anfrage bzgl. des Nationalparks, den Sie für 2012 auf Ihrem Grundstück planen. Als Dachverband der Nationalparks, Biosphärenreservate und Naturparks begrüßen wir es, wenn durch die Eröffnung neuer Parks der Naturschutz in Deutschland gefördert wird. Ihr Nationalpark würde sicherlich ein gutes Zeichen setzen!

Wir möchten Ihnen kurz erläutern, was Sie bei der Gründung eines Nationalparks beachten sollten. Der international anerkannte Kriterienkatalog der IUCN empfiehlt eine Mindestgröße von 10.000 ha für deutsche Nationalparks. Damit soll sichergestellt werden, dass eines oder mehrere Ökosysteme vollständig in dieser Fläche aufgehen können. Bei Ihrer Grundstücksgröße von 400 Quadratmetern ist zu befürchten, dass außer einem Gartenteich und einem Komposthaufen kaum komplexe Ökosysteme erwachsen können. Sie sollten Ihre Nachbarn überzeugen, sich mit weiteren Flächen an dem Vorhaben zu beteiligen.

Möglicherweise könnte man Ihr Territorium als „Entwicklungsnationalpark" kategorisieren. Das würde bedeuten, dass Ihr Gelände die Kriterien in Teilen erfüllt, die für eine großflächige, ungestörte Naturentwicklung nötig sind. Hauptziel für Sie sollte dann sein, mithilfe eines Managementplans die Voraussetzungen zu schaffen, innerhalb von 20 bis 30 Jahren den Großteil Ihrer Fläche den natürlichen und dynamischen Abläufen der Natur zu übergeben.

Sollten Sie also weiterhin an Ihrer ehrbaren Vision des Nationalparks festhalten, möchten wir Ihnen schon jetzt empfehlen, anstehende Gartenarbeiten in Zukunft ausfallen zu lassen. Dadurch geben Sie Flora und Fauna auf Ihrem Grund die Möglichkeit, zu verwildern. Lassen Sie Salat, Blumen, Bäume und gemeinhin als Unkraut bezeichnete Pflanzen sprießen, und geben Sie den heimischen Tieren die Möglichkeit, sich in Ihrem Ökosystem zu vermehren. Ihre Idee, Löwen, Leoparden und Zebrapärchen anzusiedeln, dürfte zu Revierproblemen innerhalb Ihrer Parkgrenzen führen. Vielleicht beginnen Sie mit der Auswilderung von Zuchthasen und Hauskatzen. Vergessen Sie bitte nicht, die anfallenden Kosten zu berücksichtigen, wenn Sie Wildnisbrücken über Straßen bauen, um die Tiere Ihres Parks vor angrenzenden Zivilisationsgefahren zu schützen.

Wir hoffen, dass wir Ihnen helfen konnten und stehen gern für weitere Fragen zur Verfügung.
Mit freundlichen Grüßen

Nina Kuschniok

EUROPARC Deutschland e.V. · Friedrichstrasse 60 · 10117 Berlin
Telefon 030 2887882-0 · Fax 030 2887882-16
www.nationale-naturlandschaften.de · www.europarc-deutschland.de

Vorstand: Guido Puhlmann (Vorsitzender), Dr. Johannes Hager,
Karl Friedrich Sinner, Holger Wesemüller
Spendenkonto-Nr.: 0777839 · BLZ 120 400 00 · Commerzbank Berlin

Jürgen Sprenzinger
Dorfstraße 3
86441 Steinekirch

Biker Union
Fuchstanzweg 19

65760 Eschborn

Steinekirch, 11. November 2010

Sehr geehrte Damen und Herren,

zufällig hab ich von Ihrer Existenz erfahren und wollte deshalb bei Ihnen anfragen, ob ich bei Ihnen Mitglied werden kann.

Ich bin jahrelang mit einem normalen Fahrrad gefahren, hab mir aber dann aufgrund meines fortschreitenden Alters ein Fahrrad mit Hilfsmotor gekauft. Ich bin also motorisiert.

Doch seitdem werd ich von allen meinen Kumpels, die auch Fahrrad fahren, diskriminiert und verspottet, und keiner von denen will mit mir nochmal eine Radtour machen. Bloß weil ich jetzt motorisiert bin. Ich hab übrigens eine Sparta ION für 2199 Euro, das ich durch Software-Updates immer updaten kann.

Erst neulich bin ich abends in meine Stammkneipe gefahren und hab mein Fahrrad vor der Tür abgestellt. Als ich wieder herauskam, fand ich auf dem Sattel desselbigen einen Hundekot in reichlicher Menge vor. Der Menge und dem Geruch nach zu urteilen, handelt es sich um Schäferhundekot eines Schäferhundes, den ich altersmäßig so zwischen 3 und 5 Jahre einstufe, mit gelblich, schwarzbraunem Fell. Ich habe auch schon den Verdacht, welcher Schäferhund genau als Täter in Frage kommt, wundere mich aber, wie selbiger auf meinen Sattel kommt. Entweder ist er über den Gepäckträger aufgestiegen oder aber – und das ist eher wahrscheinlich – er wurde von seinem Herrchen auf das Fahrrad gesetzt, auf welchem er sich dann in unflätiger Weise erleichtert hat.

106

Da Sie die Interessen aller motorisierten Zwei- und Dreiradfahrer gegenüber Politik, Behörden, den Medien und der Öffentlichkeit vertreten, wende ich mich vertrauensvoll an Sie mit der Bitte um schnelle Hilfe, weil so geht das einfach nicht weiter.

Vielleicht können Sie mir einen Rat geben, was man in so einem Fall unternehmen kann, lieber wäre mir allerdings, Sie würden persönlich eingreifen, da ich nur einer bin, Sie aber mehrere.

Vielen Dank im voraus.

Mit freundlichen Grüßen

Nachtrag

Leider keine Antwort – ich nehme jetzt einfach an, ich bin vielleicht untermotorisiert und bekomme erst ab 100 PS eine Antwort. Es könnte aber auch sein, dass die Biker Union noch überlegt, wie man die Hundekacke am besten vom Sattel bekommt …

Jürgen Sprenzinger
Dorfstraße 3
86441 Zusmarshausen

Deutscher Frauenrat – Lobby der Frauen
Axel-Springer-Straße 54 A

10117 Berlin

Zusmarshausen, 28. Januar 2009

Sehr geehrte Damen,

entschuldigen Sie bitte, wenn Ihnen ein Mann schreibt. Aber ich bin leider kein
richtiger Mann, sondern ein Zwitter, also Mann und Frau zugleich. Doch habe ich
im Lauf der letzten Jahre festgestellt, dass bei mir mit zunehmendem Alter der
weibliche Anteil immer dominanter wird. Früher war das Verhältnis wesentlich
ausgeglichener.

Es gibt Tage, da gehe ich als Mann zum Einkaufen, dann wieder als Frau. Selbstverständlich kleide ich mich dann auch entsprechend, wobei mich meine Bekannten und natürlich auch die Kassiererinnen beim Aldi abwechselnd mit „Herr" oder
„Frau" ansprechen. Ich denke, die Leute nehmen an, ich sei mit mir selbst verhei-
ratet.

Jetzt hab ich da aber ein Problem: Meine Nachbarin, die Frau Gerlinger,
beschimpft mich als Mann immer mit „Tunte" und wenn ich als Frau gehe, mit
„blöde Tussi". Ich finde das in höchstem Maße ungehörig, schon deshalb, weil ich
der Frau Gerlinger, was meine Nachbarin ist, nie etwas getan hab. Nicht mal lüstern
habe ich sie angeschaut (als Mann) und auch niemals schräg (als Frau). Zwischenzeitlich geht das schon ein paar Jahre so, und mir geht das ziemlich an die Nieren,
was sich zwischenzeitlich dergestalt auswirkt, dass ich bereits einen verstärkten
Harndrang habe.

Da Sie, wie ich von einer Freundin erfahren habe, für die Verbesserung der Stellung der Frau in der Gesellschaft zuständig sind, erbitte ich einen Rat von Ihnen – in diesem Fall als Frau, obwohl ich Ihnen als Mann geschrieben habe. Übrigens heiße ich als Mann „Jürgen", als Frau Brunhilde. Für diesen Namen kann ich nichts, den hat mir meine Mutter bereits als Säugling gegeben und damals war ich völlig hilf-los und konnte nichts dagegen machen. Sigrid zum Beispiel hätte mir viel besser gefallen.

Falls Sie mir helfen können, den Kontakt mit Frau Gerlinger zu verbessern, wäre ich Ihnen sehr dankbar und verbleibe

mit freundlichen Grüßen

Nachtrag

Mich wundert es nicht, dass mir hier eine Antwort versagt blieb. Der Deutsche Frauenrat war ganz einfach nur verwirrt und hat die Zusammenhänge nicht begriffen! Zwischenzeitlich habe ich mich Frau Gerlinger gegenüber eindeutig als Mann geoutet, und das war ihr gar nicht unangenehm …

Jürgen Sprenzinger
Dorfstraße 3
86441 Steinekirch

Tagesmütter Bundesverband
für Kinderbetreuung in Tagespflege
Moerser Straße 25

47798 Krefeld

Steinekirch, 21. Juni 2010

Sehr geehrte Damen und Herren,

da ich sehr feminin veranlagt bin und äußerst zart besaitet, zudem sehr gut mit Kindern umgehen kann, wurde mir von verschiedenen Bekannten nahegelegt, mich beruflich zu verändern und eine Tätigkeit zu wählen, in deren Rahmen ich mich mit Kindern beschäftigen kann.

Da ich bereits in Rente bin und viel Zeit habe, die unausgefüllt ist, wollte ich anfragen, ob für mich eine Ausbildung als Tagesmutter – in meinem Fall natürlich eher als Tagesvater, in Frage käme. Ich bin zwar bereits im fortgeschrittenen Alter (68), aber dies ist lediglich eine Zahl im Ausweis. Biologisch gesehen bin ich erst so um die 40 und deshalb körperlich immer noch fit wie ein Turnschuh, dazu noch sehr nervenstark, sodass ich ohne Weiteres die Betreuung von drei bis zehn Kindern täglich übernehmen könnte.

Ich schätze meine Fähigkeiten durchaus realistisch ein, wenn ich sage, dass ich überdurchschnittlich intelligent bin, eine ebenso hohe Allgemeinbildung habe, ich spiele mindestens vier Musikinstrumente (Gitarre, Klavier, Blockflöte und Mundharmonika), kenne etwa 120 Märchen auswendig und habe dazu weitreichende Kenntnisse mit LEGO, sodass ich durchaus in der Lage wäre, die Kleinen ganztägig lehrreich zu beschäftigen. Dazu kommt, dass ich eine ausgebildete Stimme habe (Bariton), um die Kinder auch in Schlaf zu singen, wenn es nötig wird. Nicht verschweigen will ich hier meine Kochkünste, die sich nicht nur auf das Erwärmen von Milchfläschchen oder die Zubereitung von Brei erstrecken, sondern ich bin durchaus auch in der Lage, bei Kindern beliebte Speisen zuzubereiten, also zum Beispiel Rindsrouladen mit Blaukraut und Salzkartoffel, paniertes Schnitzel mit Kartoffelsalat oder auch mal eine Schweinshax'n mit Sauerkraut.

Sehr gerne würde ich in diesem Bereich tätig werden und erbitte deshalb Informationen über Ausbildung und Dauer derselbigen. Natürlich ist mir klar, dass ich niemals eine Tagesmutter werden kann, aber ich würde gerne mit aller Kraft versuchen, ein optimaler Tagesvater zu werden.

Für Ihre Mühe herzlichen Dank.

Mit freundlichen Grüßen

BUNDESVERBAND FÜR KINDERTAGESPFLEGE
Bildung. Erziehung. Betreuung.

Bundesverband für Kindertagespflege
Moerser Straße 25
47798 Krefeld

Fon: 02151-154159-0
Fax: 02151-154159-1

Volksbank Meerbusch eG
BLZ 370 691 64 Kto.-Nr. 7201871012

Bundesverband für Kindertagespflege e.V. | Moerser Str. 25 | 47798 Krefeld

Herrn
Jürgen Sprenzinger
Dorfstr. 3
86441 Steinekirch

Ihr Zeichen	Ihre Nachricht vom	Unser Zeichen	Telefon/Name	Datum
	Brief v. 21.06.10		02151/1541590	27.06.10
			info@bvktp.de	
			www.bundesverband-kindertagespflege.de	

Informationen

Sehr geehrter Herr Sprenzinger,

gern beantworte ich Ihre Anfrage zur Kinderbetreuung in Tagespflege und übersende Ihnen im Folgenden einige Informationen zur Tätigkeit einer Tagespflegeperson. Zudem möchte ich Sie auf unsere Internetseite – http://www.bundesverband-kindertagespflege.de - aufmerksam machen.

Das Bundesministerium für Familie, Senioren, Frauen und Jugend hat mit Hilfe vieler Fachorganisationen die aktuellen umfangreichen Informationen zur Kindertagespflege auf einer Internetseite sehr übersichtlich zusammengetragen: http://www.handbuch-kindertagespflege.de.

Die rechtliche Grundlage für die Kinderbetreuung in Tagespflege ist der § 22 bis § 24 und § 43 des Kinder- und Jugendhilfegesetzes (SGB VIII). Seit dem 01.01.2005 muss jede Tagespflegeperson Ihre Eignung nachweisen. Die Kommune und damit das örtliche Jugendamt entscheidet über die Befähigung der Tagespflegeperson. In den gesetzlichen Empfehlungen geht man von 160 Unterrichtsstunden Grundqualifizierung für jede Tagespflegeperson aus. Seit dem 1.10.2005 bedarf jede Person, die ein Kind außerhalb der Räume der elterlichen Wohnung mehr als 15 Stunden wöchentlich gegen Entgelt länger als drei Monate betreut, der Pflegeerlaubnis durch das Jugendamt. In den einzelnen Bundesländern wird diese Regelung jedoch unterschiedlich ausgelegt, nähere Informationen dazu erhalten sie vom örtlichen Jugendamt.

Über die rechtlichen Änderungen ab 2009 informieren Sie sich bitte in unserer Broschüre „info Kindertagespflege" 12/08.

Der Tagespflegeperson obliegt die Aufsichtspflicht für die betreuten Kinder (vgl. §832 BGB). Sie muss sich selbst gegen evtl. Schäden, die aus Aufsichtspflichtverletzungen entstehen können versichern. Dazu sollte sie mit ihrer privaten Haftpflichtversicherung klären, ob ihre Tätigkeit als Tagepflegeperson im Sinne einer sogenannten "Berufs-Haftpflichtversicherung" im bestehenden Vertrag ergänzt werden kann. Tagespflegepersonen können sich auch über einen Tagesmütterverein versichern.

Ob ihre Wohnung "beruflich" im Rahmen einer Tätigkeit als Tagespflegeperson genutzt werden darf, sollten sie mit ihrem Vermieter abklären.

Sollten sie als Tagesmutter im Haushalt der Eltern arbeiten (Kinderfrau) entsteht unserer Auffassung nach ein Beschäftigungsverhältnis. Folgende Merkmale treffen z. B. auf ein solches Beschäftigungsverhältnis zu: weisungsgebunden, ein Arbeitgeber, festgelegte Arbeitszeiten.

MITGLIED IM *PARITÄT*ISCHEN WOHLFAHRTSVERBAND

Bundesverband für Kindertagespflege e. V.
Moerser Straße 25
47798 Krefeld

Fon: 02151-154159-0
Fax: 02151-154159-1

Hier empfehlen wir einen Arbeitsvertrag (Betreuungsvertrag) mit Stellenbeschreibung abzuschließen. Hinsichtlich der Höhe des Gehaltes gibt es keine einheitlichen Regelungen. Richtwerte liegen hier zwischen 5 und 8 Euro die Stunde bzw. angelehnt an das Gehalt einer Kinderpflegerin im BAT (erhältlich im Buchhandel).
Desweiteren besteht die Möglichkeit eine Kinderfrau als geringfügig Beschäftigte einzustellen. In diesem Fall darf der Verdienst nicht mehr als 400 Euro im Monat betragen. Weitere Informationen finden Sie bei der zuständigen Bundesknappschaft, im Internet zu finden unter http://www.minijob-zentrale.de, bzw. telefonisch unter 01801-200504. Von dort erhalten sie dann auch entsprechende Formulare und weitere Broschüren.
Im Rahmen des Arbeitsvertrages wird der Kinderfrau die Aufsichtspflicht übertragen. Es ist nicht Aufgabe des Arbeitgebers eine Berufshaftpflicht abzuschließen. Auch hier ist es sehr sinnvoll für die Kinderfrau, eine entsprechend erweiterte Haftpflichtversicherung abzuschließen. Der Arbeitgeber ist allerdings verpflichtet, die Kinderfrau bei der gesetzlichen Unfallversicherung anzumelden.

Grundsätzlich empfehlen wir Tagespflegepersonen und Eltern einen Betreuungsvertrag abzuschließen, unabhängig ob sie angestellt oder selbstständig tätig sind. Die Besonderheiten in der Tagespflege können so zu Beginn des Betreuungsverhältnisses zwischen den beiden Parteien einvernehmlich geregelt werden. Die entsprechenden Verträge können sie mit dem beiliegenden Bestellschein bei uns erwerben.

Der Bundesverband für Kindertagespflege setzt sich mit seinen Mitgliedsorganisationen seit Jahren für die Qualitätssicherung in der Tagespflege ein. Tagespflegepersonen erhalten dadurch die Möglichkeit, sich auf die Besonderheiten der Tagespflege vorzubereiten und zu professionalisieren. Seit dem 01.01.2004 setzen wir uns ebenso mit einer Qualifizierungs- und Prüfungsordnung für qualitative Standards in der Qualifizierung zur Tagespflegeperson ein. Die Qualifizierungsmaßnahmen des Bundesverbandes für Kindertagespflege werden bundesweit von Maßnahmenträgern vor Ort durchgeführt. Sie enden mit einer Kolloquiumsprüfung und der Vergabe eines Zertifikates des Bundesverbandes. Entsprechende Adressen von zugelassenen Trägern können sie gerne telefonisch erfragen oder auf unserem Internetportal abrufen.

Neben den Informationsschriften und der Tagesmütter-Infopost geben wir gemeinsam mit der Kallmeyer`schen Verlagsbuchhandlung die Fachzeitschrift ZeT für Tagesmütter, - und Väter heraus. Diese informiert in 6 Ausgaben jährlich über Schwerpunktthemen der Tagespflege. Weitere Informationen zur Tagespflege enthalten die Broschüren und Bücher die sie ebenfalls über uns beziehen können. Einen entsprechenden Bestellschein fügen wir bei.

Ich hoffe, Ihnen weiter geholfen zu haben. Gerne stehen wir Ihnen montags bis mittwochs in der Zeit von 9.00 bis 13.00 Uh und donnerstags von 9.00 bis 17.00 Uhr für weitere Fragen zur Verfügung.

Mit freundlichen Grüßen
Im Auftrag

Birgit Görler
Sachbearbeitung

Jürgen Sprenzinger
Dorfstraße 3
86441 Zusmarshausen

Aktionsgemeinschaft
Dienst für den Frieden e. V.
Blücherstraße 14

53115 Bonn

Zusmarshausen, 28. Januar 2009

Sehr geehrte Damen und Herren,

hiermit teile ich Ihnen mit, dass meine Frau ein Drachen ist, der ständig einen Streit vom Zaun bricht und zudem alles besser weiß als ich. Das geht schon seit ein paar Jahren so, und mich nervt das gewaltig.

Ein Freund hat gemeint, ich solle mich an Sie wenden, da Ihre Aktionsgemeinschaft sich dem Frieden verschrieben hat, und Sie könnten mir helfen, meine Frau zur Vernunft zu bringen. Deshalb die Frage an Sie: Kann ich Ihnen meine Frau für ein paar Tage nach Bonn schicken, damit Sie ihr die Zähne ziehen oder die Haare von denselbigen nehmen? Und welche Kosten würden da auf mich zukommen? Wenn es zu teuer kommt (also über 2000 Euro), dann versuche ich lieber mein Glück bei einer anderen, wenn es gar nicht anders geht.

Für eine schnelle Auskunft wäre ich Ihnen sehr dankbar, denn das Zusammenleben mit meiner Frau ist kaum mehr tragbar. Sie schikaniert mich jeden Tag, und manchmal wirft sie mir auch einen Gegenstand auf den Kopf. Ich plane deswegen bereits die Anschaffung eines Schutzhelms.

Für Ihre Hilfe vielen Dank im Vorhinein.

Mit freundlichen Grüßen

Nachtrag

Da ich auf diesen Brief keine Antwort erhalten habe, nehme ich an, ich kann meine Frau nicht nach Bonn schicken, sondern muss sie weiterhin aushalten. Was ich aber gerne tu, denn so schlimm ist sie ja auch wieder nicht …

Jürgen Sprenzinger
Dorfstraße 3
86441 Steinekirch

Bund der Deutschen Landjugend (BDL)
Claire-Waldoff-Str. 7,

10117 Berlin

Steinekirch, 23. Juni 2010

Sehr geehrte Damen und Herren!

Ich bin der Sprenzinger Jürgen Bruno aus Steinekirch und komme im nächsten Jahr
aus der Schule. Schon als ich noch ganz klein war, bin ich immer in den Stall gegangen und hab dem Vater beim Melken zugeschaut. Das hat mir immer sehr gefallen,
weil das so arg gespritzt hat. Ich hab gemerkt, dass dieses auch der Kuh gefällt.

Von dem Moment an hab ich beschlossen, Melker zu werden, weil ich nämlich
auch sehr bewegliche Finger hab und viel Kraft in den Handgelenken. Dazu hab ich
den Eindruck, dass ich die Kühe glücklich machen kann, weil es ihnen nämlich
dann wieder besser geht, wenn sie erleichtert sind. Sie haben dann immer so einen
zufriedenen Gesichtsausdruck.

Jetzt wollt ich Sie fragen, ob Sie nicht vielleicht auch Melker ausbilden oder für
mich eine Lehrstelle hätten oder mir eine vermitteln täten können, wo man es richtig lernt, mit Euter und Zitze umzugehen. Leider ist mein Vater schon seit fast
10 Jahren tot und im Himmel, und so ist er nicht mehr in der Lage, mir das Melken
anständig zu lernen. Er melkt vermutlich jetzt woanderst. Aber ich mach ihm deswegen keinen Vorwurf nicht, sowas kann heutzutage ja jedem passieren. Meine
Mutter lebt zwar noch, aber sie hat noch nie gemolken und steht vor einer Kuh wie
der Ochs am Berg. Die kann mir das Melken nie im Leben lernen.

Für eine schnelle Antwort wär ich Ihnen unwahrscheinlich dankbar und würde
mich echt freuen, von Ihnen was zu hören.

Hochachtungsvoll

Nachtrag

Leider kann ich immer noch nicht melken, da mir nicht geantwortet wurde, was ich sehr schade fand, denn eigentlich habe ich ein wahnsiniges Talent zum Melker und find Melken echt geil!

Jürgen Sprenzinger
Dorfstraße 3
86441 Zusmarshausen

An das Familienministerium
Frau Ministerin Kristina Köhler

11018 Berlin

Zusmarshausen, 1. Februar 2010

Sehr geehrte Frau Köhler,

hiermit teile ich Ihnen zu Ihrer Information mit, dass meine Lebensgefährtin von
mir schwanger ist. Sie bekommt Zwillinge. Diese Zwillinge waren eigentlich nie
geplant, wie ich das geschafft habe, ist mir heute immer noch schleierhaft. Es werden aller Voraussicht nach zwei Buben werden, zumindest hat uns dies der zuständige Frauenarzt mitgeteilt. Das hat momentan natürlich den Vorteil, dass wir nur
blaue Babywäsche benötigen, doch sicherlich auch den Nachteil, dass wir später
den Klodeckel öfters hochklappen müssen, wenn die Kinder älter sind.

Da meine Lebensgefährtin und ich eingefleischte Computerfans sind, (wir besitzen
allein im Wohnzimmer vier Computer, zwei im Schlafzimmer, einen in der Küche,
zum Internet-Abruf von Kochrezepten zum Beispiel, und einen wasserdichten im
Bad), haben wir uns überlegt, ob wir den Kindern nicht Vornamen geben sollen, die
computerbezogen sind. So haben wir uns dazu entschlossen, die beiden Jungs Bit
und Byte zu nennen. Bit wäre in dem Fall natürlich der kleinere, schmächtigere
Bub, der größere der beiden wäre dann Byte.

Nun wissen wir aber nicht, ob dies statthaft ist, da man hier in Deutschland in dieser Hinsicht sehr pingelig ist. All meine Freunde und Bekannten sind zwar etwas
seltsam berührt und haben gemeint, dass dies nicht zulässig sei, aber es wäre unser
größter Herzenswunsch.

Deshalb habe ich mich entschlossen, von höchster Stelle eine Auskunft zu erbitten, denn anscheinend weiß niemand Bescheid, ob diese Namensgebung statthaft ist. Sie aber als Familienministerin müssten das aus dem Handgelenk beantworten können, meine ich.

Für Ihre Auskunft herzlichen Dank im voraus.

Mit freundlichen Grüßen

Freiheit
Einheit
Demokratie

Bundesministerium für Familie, Senioren, Frauen und Jugend, 11018 Berlin

Herrn
Jürgen Sprenzinger
Dorfstraße 3

86441 Zusmarshausen

Referat 207
Familienrecht, Mutterschutz,
Müttergenesungswerk

Belinda Flügge

HAUSANSCHRIFT Alexanderstraße 3, 10178 Berlin
POSTANSCHRIFT 11018 Berlin

TEL +49 (0)3018 555-1643
FAX +49 (0)3018 555-4160
E-MAIL belinda.fluegge@bmfsfj.bund.de
INTERNET www.bmfsfj.de

ORT, DATUM Berlin, den 10.02.2010
GZ 207-2352/000II/Sp

HINWEIS Ab 22. Februar 2010 neue Anschrift:
Glinkastraße 24, 10117 Berlin

Personenstandsrecht

Ihr Schreiben vom 1. Februar 2010

Sehr geehrter Herr Sprenzinger,

im Namen von Frau Bundesministerin Dr. Kristina Köhler danke ich Ihnen für Ihr Schreiben vom 1. Februar 2010.
Leider fällt der von Ihnen dargestellte Sachverhalt nicht in den Zuständigkeitsbereich des Bundesministeriums für Familie, Senioren, Frauen und Jugend. Für Fragen zum Personenstandsrecht ist innerhalb der Bundesregierung das Bundesministerium des Innern (BMI) zuständig. Ich habe daher, Ihr Einverständnis vorausgesetzt, Ihr Schreiben an das BMI weitergeleitet. Von dort erhalten Sie weitere Nachricht.

Mit freundlichen Grüßen
Im Auftrag

Belinda Flügge

Servicetelefon:	01801 90 70 50	VERKEHRSANBINDUNG U-Bahn:	U2,U5 und U8 Bahnhof Alexanderplatz
Telefax:	03018 555 4400	Bus:	TXL,100,M 48 - Alexanderplatz
E-Mail:	Info@bmfsfjservice.bund.de	S-Bahn:	S3,S5,S7,S9,S75 - Alexanderplatz
Montag bis Donnerstag von 9.00 bis 18.00 Uhr			

3,9 Cent pro angefangene Minute aus dem Festnetz

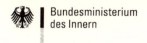

Freiheit
Einheit
Demokratie

POSTANSCHRIFT Bundesministerium des Innern, 53108 Bonn

Herrn
Jürgen Sprenzinger
Dorfstraße 3
86441 Zusmarshausen

HAUSANSCHRIFT Graurheindorfer Straße 198, 53117 Bonn
POSTANSCHRIFT Postfach 17 02 90, 53108 Bonn
TEL +49 (0)228 99 681-0
FAX +49 (0)228 99 681-55095
BEARBEITET VON Claudia Färfers

E-MAIL O3@bmi.bund.de
INTERNET www.bmi.bund.de
DIENSTSITZ Bonn
DATUM Bonn, 19. Februar 2010
AZ O 3 - 020 – 809 II – Sprenzinger

Sehr geehrter Herr Sprenzinger,

vielen Dank für Ihre Anfrage an das Bundesministerium des Innern vom 1. Februar 2010.

Je nachdem, ob den Eltern die elterliche Sorge gemeinsam oder ob einem Elternteil die elterliche Sorge allein zusteht, bestimmen sie gemeinsam oder allein den Vornamen des Kindes.
Dabei steht den Eltern grundsätzlich ein weiter Spielraum zur Verfügung, dessen Grenze sich aus dem Kindeswohl ergibt. Daher ist bei der Bestimmung des Vornamens von Bedeutung:

- er muss als solcher erkennbar sein,
- er muss das Geschlecht des Kindes erkennen lassen,
- er darf kein Orts- oder Familienname sein,
- es dürfen nicht mehr als vier bis fünf Vornamen sein.

Bei Nachfragen zur Bestimmung des Vornamens können sich die Eltern an das zuständige Standesamt wenden.

Mit freundlichen Grüßen
Im Auftrag

C. Färfers

Claudia Färfers

ZUSTELL- UND LIEFERANSCHRIFT Arminiusstraße 10, 53117 Bonn
VERKEHRSANBINDUNG Bus-/Tram-Haltestelle: Innenministerium

Jürgen Sprenzinger
Dorfstraße 3
86441 Zusmarshausen

Aktionsgemeinschaft
Privates Denkmaleigentum
Claire-Waldoff-Straße 7

10117 Berlin

Zusmarshausen, 1. Februar 2010

Sehr geehrte Damen und Herren,

meine Oma wäre gestern 110 Jahre alt geworden. Sie war eine Super-Oma mit
allem Drum und Dran, unheimlich lieb und genau so, wie man sich eine Oma vor-
stellt. Eine Bilderbuchoma sozusagen. Ich wünsche jedem, also auch Ihnen, so eine
Oma zu haben bzw. gehabt zu haben, denn jeder, der ein omaloses Leben geführt
hat, ist zu bedauern, da er nie die Wohltat einer Oma erfahren hat.

Gestern trat unser Familienrat zusammen, und wir haben unserer Oma gedacht und
anschließend beschlossen, unserer verblichenen Oma zu ihrem 111. Geburtstag,
also nächstes Jahr, ein Denkmal in unserem Garten zu errichten. Wir denken dabei
an eine in Stein gehauene Omafigur, gütig lächelnd und die offenen Hände von sich
streckend, unter der Achsel einen eingeklemmten Laib Brot, da sie immer Brot für
die ganze Familie gebacken hat, über das wir Kinder dann lauwarm hergefallen
sind.

Zudem stellt sich natürlich auch die Frage des Sockels. Einige der Familienmitglie-
der meinten, die Oma gehöre unbedingt auf einen Marmorsockel, andere wieder
waren der Ansicht, dass mit einem einfachen Granitsockel der Oma Genüge getan
sei. Ich selbst tendiere eher zu einem Sockel aus Eichenholz, weil es dem Charakter
der Oma am ehesten entspräche. Die Oma war die Güte in Person, doch zäh wie
eine alte Eiche und stur wie ein Maulesel und sie lief bis hin zum Sterbebett un-
gebeugt durchs Leben wie selbige.

Da Sie privates Denkmaleigentum vertreten und sich mit Denkmälern weit besser auskennen dürften als ich, wollte ich hiermit unverbindlich anfragen, ob es staatliche Subventionierungsmöglichkeiten gibt, die eine solche Maßnahme finanziell unterstützen, denn ich kann mir gut vorstellen, dass so ein Omadenkmal sauteuer werden kann, je nach Ausstattung natürlich. Falls es dazu nötig sein sollte, das Denkmal in der Öffentlichkeit aufzustellen, werden wir bei der hiesigen Gemeinde selbstverständlich einen Antrag stellen. Aber da ich den Bürgermeister und einige Gemeinderäte ganz gut kenne, dürfte der ohne größere Probleme durchgehen.

Ich wäre Ihnen also sehr verbunden, wenn Sie mir in dieser delikaten Familienangelegenheit behilflich sein könnten, und danke Ihnen herzlich im vorhinein.

Mit freundlichen Grüßen

Aktionsgemeinschaft Privates Denkmaleigentum
- A P D -

CLAIRE-WALDOFF-STRASSE 7
10117 BERLIN

TELEFON (030) 318072-05
TELEFAX (030) 318072-42
e-mail: apd@grundbesitzerverbaende.de
http://www.grundbesitzerverbaende.de

16. Februar 2010

Herrn
Jürgen Sprenzinger
Dorfstr. 3

86441 Zusmarshausen

Sehr geehrter Herr Sprenzinger,

haben Sie vielen Dank für Ihren Brief vom 1. Februar d. J., mit dem Sie uns Ihre Absicht erklären, Ihrer Großmutter ein Denkmal setzen zu wollen.

Lassen Sie mich Ihnen zunächst sagen, dass wir Ihre Idee ganz besonders hochherzig und liebenswert empfinden. Nach Ihren Schilderungen können wir uns gut vorstellen, wie sehr Ihre Großmutter ein solches Denkmal verdient hat.

Sie wenden sich an uns, weil Sie annehmen, dass wir mit „privaten Denkmälern" befasst sind. Hierzu muss ich Ihnen erklären, dass mit dem „privaten Denkmaleigentum" bereits bestehende und unter Denkmalschutz gestellte Baudenkmäler und Anlagen gemeint sind. Wir vertreten die Interessen der privaten Eigentümer solcher Bauten und Anlagen, die durch die Unterschutzstellung Ihres Eigentums nach dem jeweiligen Denkmalschutzgesetz erhebliche Lasten zu übernehmen haben. Die Errichtung eines gänzlich neuen Denkmals zählt daher nicht zu unseren Aufgaben, so dass wir dazu auch keinerlei Erfahrungen besitzen.

Wir bitten Sie daher um Verständnis, dass wir Ihnen bei der Verwirklichung Ihrer so liebenswerten Idee keinerlei Hilfe anbieten können, wünschen Ihnen aber trotzdem, dass Sie Erfolg haben mögen.

Mit freundlichen Grüßen

Klaus von Heimendahl

Eine Aktion der Arbeitsgemeinschaft der Grundbesitzerverbände e.V.
und
der Deutschen Burgenvereinigung e.V.

Jürgen Sprenzinger
Dorfstraße 3
86441 Steinekirch

An das
Umweltreferat Augsburg
Herrn Rainer Schaal
Rathausplatz 2a

86150 Augsburg

Steinekirch, 8. Februar 2010

Sehr geehrter Herr Schaal,

entschuldigen Sie bitte, wenn ich als kleiner, dahergelaufener Bürger Ihnen
schreibe, aber ich hab da ein Problem.

Ich wohne seit einiger Zeit in Steinekirch bei Zusmarshausen. Hier wohne ich
friedlich mit meiner Lebensgefährtin. Na ja, meistens friedlich, und wenn sie auf-
muckt, dann ballere ich ihr eine vor den Latz, dann ist wieder für eine Zeitlang
Ruhe. Aber das wollte ich Ihnen eigentlich gar nicht schreiben, das ist mir nur so
herausgerutscht.

Jedenfalls haben wir vor nicht allzu langer Zeit überlegt, ob wir nicht eine Solar-
anlage aufs Dach machen lassen sollen. Leider habe ich da das Problem, dass mir
die Energieausbeute zu wenig ist, da hier im Haus einiges an Energieverbrauchern
angeschlossen ist. So habe ich beschlossen, im Keller einen Atomreaktor zu installieren, den ich aufgrund meiner nuklearen Kenntnisse selbst bauen will, womit ich
auch überhaupts kein Problem nicht habe.

Zwischenzeitlich habe ich auch mit einem Plutoniumlieferanten aus der Ukraine
Kontakt aufgenommen, der mir die Brennstäbe und auch Uranoxid-Pellets aufgrund der aktuellen Finanzkrise mit einem Rabatt von gut 30 Prozent frei Haus
liefern würde, selbstverständlich nachts, damit die Nachbarn das nicht so mit-
bekommen.

Nun eine Frage an Sie: Was braucht man in einem solchen Fall an Genehmigungen? Welche Auflagen muss ich dabei beachten? Und schließlich: Kann ich den überschüssigen Strom der Stadt Augsburg zur Verfügung stellen und was wird dafür bezahlt?

Für eine kurze und rasche Auskunft wäre ich Ihnen sehr dankbar, weil ich mit dem Reaktorbau schnellstens beginnen möchte. Die Steuerstäbe habe ich bereits im Haus, eine Mischung aus Cadmium, Gadolinium und Bor, die einen unverschämt hohen Absorptionsquerschnitt haben – also richtige Neutronenfresser sind. Sie sehen also, ich leg da sehr viel Wert auf Sicherheit, weil ich mir da überhaupt nichts nachsagen lassen möchte.

Mit freundlichen Grüßen

Nachtrag

Dass die Augsburger nicht unbedingt mit viel Humor gesegnet sind, ist bekannt. So auch der Umweltreferent, denn jedes Volk hat die Politker, die es verdient. Dass er nicht geantwortet hat, ist also kein Wunder, aber es war wenigstens ein Versuch.

Ich habe mich zwischenzeitlich aber für eine Dach-Solaranlage entschieden, weil das wesentlich ungefährlicher ist ...

Jürgen Sprenzinger
Dorfstraße 3
86441 Zusmarshausen

Bund Deutscher Philatelisten e. V.
Mildred-Scheel-Str. 2

53175 Bonn

Steinekirch, 8. Februar 2010

Sehr geehrte Damen und Herren,

da Sie einen erheblichen Einfluss auf die Gestaltung von Postwertzeichen haben,
wende ich mich heute vertrauensvoll an Sie.

Mein Problem ist, dass ich bereits 60 bin und nicht weiß, wann genau in näherer
Zukunft ich vom Ableben Gebrauch machen muss. Dazu kommt, dass ich allein-
lebend bin, weder Frau noch Kind habe und somit immer häufiger die Frage im
weiten Raum steht: Wer denkt noch an mich, wenn ich einst im Jenseits sein sollte?
Diese Frage bereitet mir seit geraumer Zeit schlaflose Nächte. Dabei kam ich auf
die Idee, Sie zu bitten, dafür zu sorgen, dass mein Kopf auf eine Briefmarke
kommt. Wenn möglich, auf eine 55-Cent-Marke, da selbige am meisten benutzt
wird. (Siehe beiliegendes Kuvert!) Dazu kommt auch, dass ich noch nach meinem
Ableben noch als Briefmarke aktiv am täglichen Geschehen teilnehmen kann und
den Menschen im Gedächtnis bleibe, was vom Status her auch gerechtfertigt wäre,
denn eigentlich bin ich ein Genie in jeder Hinsicht, doch niemand weiß es und
kann somit auch keine Notiz davon nehmen. Ich habe immer sehr zurückgezogen
gelebt und meine Genialität nur zu Hause ausgelebt.

Ich würde mich freuen, wenn Sie hier für mit tätig werden könnten, die Kosten-
frage müssten wir selbstverständlich noch regeln, aber ich werde sie sehr großzügig
behandeln.

Für Ihre Mühe danke ich Ihnen sehr herzlich im voraus.

Mit freundlichen Grüßen

Nachtrag

Keine Antwort – schade. Der Bund Deutscher Philatelisten wollte vermutlich (wie schon so viele) nicht zur Kenntnis nehmen, dass ich ein Genie bin, und hat deshalb wahrscheinlich die Antwort verweigert, weil er mich nicht kränken wollte.

Nun gut, ich werde weiterhin die üblichen Briefmarken verwenden und meine Genialität im Verborgenen zu Hause ausleben!

Jürgen Sprenzinger
Dorfstraße 3
86441 Zusmarshausen

animal public e. V
Postfach 110 121

40501 Düsseldorf

Zusmarshausen, 18. Februar 2010

Sehr geehrte Damen und Herren,

ich schreib Ihnen deswegen, weil ich Ihre Hilfe brauch. Ich hab ein Problem mit
meiner Frau.

Seit Jahren habe ich Küchenschaben, die zwischenzeitlich recht zutraulich geworden sind und mir selbst bei Tageslicht aus der Hand fressen, obwohl die sich nor-
malerweise im Dunkeln aufhalten und dazu sehr menschenscheu sind. Aber von
mir lassen sie sich sogar streicheln. Ich kenne fast jedes einzelne Tier von ihnen
und hab ihnen auch Namen gegeben. Sie unterscheiden sich zwar nicht sonderlich
voneinander, doch wenn man sie kennt, dann weiß man genau, ob es Gertrud,
Felix, Brunhilde, Max oder Gundelinde ist.

Neulich hatte ich einen mords Krach mit meiner Frau, weil sie mir immer wahllos
alle Schaben erschlägt, die sie erwischen kann. Meistens aber sind die Schaben
schneller als meine Frau, und sie schaut danach ziemlich hohl aus. Und dann, wenn
sie keinen Erfolg gehabt hat, dann fängt sie mit mir immer einen mords Krach an
und droht mir sogar mit Schlägen. Ich hab schon mehrmals versucht, ihr klarzu-
machen, dass andere Leute sich einen Hund oder eine Katze halten, und ich halte
mir eben meine Schaben, weil irgend ein Haustier braucht der Mensch. Meine Frau
ist aber mit meinen Schaben nicht einverstanden, sondern hätte statt dessen lieber
einen Wellensittich.

Wie ich erfahren habe, sind Sie ja eine Tierschutzorganisation, und deswegen würde ich Sie bitten, mir zu bestätigen, dass Schaben genauso Tiere sind wie alle andern und deswegen auch schützenswert, was mir meine Frau aber nicht glaubt. Dafür wäre ich Ihnen unheimlich dankbar, weil ich es dann schwarz auf weiß hätte, und dann wäre das für meine Frau amtlich.

Für Ihre Mühe im vornhinein herzlichen Dank.

Mit freundlichen Grüßen

Jürgen Sprenzinger

Nachtrag

Kein Erbarmen mit den Schaben! Ansonsten hätte mir animal public e. V. sicherlich geantwortet. Ich habe meiner Frau allerdings zwischenzeitlich ein Wellensittich-pärchen besorgt, und sie lässt meine Schaben nun brav in Ruhe! Frauen sind so gut zu haben …

Jürgen Sprenzinger
Dorfstraße 3
86441 Steinekirch

GWW Gesamtverband der Werbeartikel-Wirtschaft
Jasminweg 4

41468 Neuss

Steinekirch, 28. Februar 2010

Sehr geehrte Damen und Herren,

ich schreibe Ihnen, weil ein Freund von mir ein Problem hat. Er ist selbständig und
eröffnet in vier Wochen eine neue Firma. Zu diesem Anlass findet eine Feier statt.
Er möchte aber dazu auch Werbegeschenke verteilen und hat mich um meinen Rat
gebeten, obwohl ich von Werbegeschenken überhaupt keine Ahnung habe. Ich habe
gesagt, ich werde mir was einfallen lassen. Mir kamen spontan Kugelschreiber,
Einmalfeuerzeuge und Schlüsselanhänger in den Sinn, aber mein Freund meint, das
sei ein alter Hut.

Darauf hin hab ich ihm den Vorschlag gemacht, er solle kleine Sparschweine aus
Plastik mit Firmenaufdruck verschenken, da Sparen heutzutage sehr wichtig ist,
und er wird dann einen riesigen Kundenzuwachs bekommen, da ihn jeder mit diesem Sparschwein in Verbindung bringt, das heißt im übertragenen Sinne, dass er
eigentlich auch selbst das Image eines Sparschweins bekommt.

Jetzt frage ich Sie als kompetente Menschen mit Erfahrung: Sind Sparschweine als
Werbegeschenke in Ordnung oder könnte das negative Emotionen hervorrufen –
gerade momentan, während der Finanzkrise, und auch im Hinblick auf die
Schweinegrippe? So ein Sparschwein sollte auch nicht mehr als 2 Euro im Einkauf
kosten, da es nur als Streuartikel gedacht ist.

Ich habe von einem Bekannten den Tipp erhalten, bei Ihnen nachzufragen. Ich bin
zwar kein Mitglied in Ihrem Verband, weil ich mit Werbung eigentlich nie was am

Hut gehabt hab, aber vielleicht können Sie mir ausnahmsweise einen Tipp geben. Dafür wäre ich Ihnen sehr dankbar, weil mein Freund mit meinen Ideen rechnet und sich diesbezüglich voll auf mich verlässt. Ich will ihn natürlich nicht enttäuschen.

Für Ihre Hilfe herzlichen Dank im voraus.

Mit freundlichen Grüßen

bwg Geschäftsstelle · Jasminweg 4 · 41468 Neuss

Bundesverband der Werbemittel-Berater und -Großhändler e.V.

Jürgen Sprenzinger
Dorfstraße 3
86441 Steinekirch

Neuss, 03.03.2010

Sehr geehrter Herr Sprenzinger,

vielen Dank für Ihr Schreiben. Die GWW-Geschäftsstelle hat seit langer Zeit ihren Sitz in Darmstadt.
Wir als Berufsverband der WA-Berater möchten Ihnen empfehlen sich einen qualifizierten Berater in Ihrer Nähe zu suchen und mit ihm Ihre Wünsche und Zielsetzungen zu besprechen. Er kann Sie optimal beim richtigen Einsatz von Werbeartikeln beraten und anbieten.
Unter www.bwg-verband.de finden Sie nach PLZ unsere Mitgliedsfirmen.

Wir hoffen, wir konnten Sie mit dieser Antwort zufriedenstellen und wünschen Ihnen viel Erfolg.

Mit freundlichem Gruß

Elsa Evers

Jürgen Sprenzinger
Dorfstraße 3
86441 Steinekirch

Berufsverband
Bayerischer Detektive
Haunstetter Straße 112

86161 Augsburg

Steinekirch, 12. November 2010

Sehr geehrte Damen und Herren,

ich bin jetzt 71, seit langer Zeit bereits Rentner, und mir ist immer sehr langweilig.
Ich wohne seit einigen Jahren auf dem Land in der Nähe von Zusmarshausen und
kenne zwischenzeitlich – bedingt durch meine scharfe Beobachtungsgabe – fast
jeden im gesamten Umkreis. Dies bezieht sich nicht nur auf die unmittelbare Nachbarschaft, sondern betrifft auch den Ortskern von Zusmarshausen, Dinkelscherben
und Horgau. Ich weiß über jeden genauestens Bescheid. Durch meine Eigenschaft
als langjähriger Hobbyfotograf habe ich auch schon Leute in den unmöglichsten
Situationen unbemerkt abgelichtet.

Ein alter Freund riet mir nun, dies in detektivischer Hinsicht einzusetzen, schon
auch deshalb, weil ich mein ganzes Leben lang streng gesetzestreu war. Und tatsächlich ist es so, dass ich immer sehr gerne eigentlich Polizist werden wollte, mein
Vater aber in seiner Eigenschaft als Bankräuber stets etwas gegen die Polizei hatte
und mir diesen Berufswunsch aus verständlichen Gründen stets verwehrt hat.
Schließlich blieb mir nichts anderes übrig, als Radio-Fernsehtechniker zu werden,
doch dieser Beruf, der genau genommen nur ein Modeberuf war, ist längst ausge-
storben. Um mich geistig und körperlich fit zu halten, habe ich damals begonnen,
meinen Mitmenschen nachzuspionieren, habe von meinen Einblicken in deren
Leben oder gar Verbrechen aber nie Gebrauch gemacht, da ich immer fair war.

Ob ich als Detektiv geeignet wäre, weiß ich nicht, obwohl ich Ihnen hiermit auch sagen muss, dass ich alle, aber auch wirklich alle James-Bond-Filme gesehen habe, dabei unheimlich viel gelernt habe und heute in der Lage bin, das Wirken von James Bond – zumindest mental – durchaus nachzuvollziehen.

Es wäre schön, wenn Sie eine entsprechende Aufgabe für mich hätten, wobei sicherlich nicht der finanzielle Aspekt im Vordergrund steht, sondern vielmehr das Bedürfnis, jedes Verbrechen umgehend aufzuklären.

Es würde mich freuen, von Ihnen zu hören.
Mit freundlichen Grüßen

Berufsverband Bayerischer Detektive e.V.

Berufsverband Bayerischer Detektive • Haunstetter Str. 112a • 86161 Augsburg

Jürgen Sprenzinger
Dorfstraße 3

86441 Steinekirch

Sitz Augsburg
Präsidium
Haunstetter Str. 112
Tel. 0821 / 56 28 18
Fax. 0821 / 55 10 19
E-Mail: bbd@my-box.de
Internet: www.bbd-ev.de

| Ihr Zeichen | Ihre Nachricht vom | Unser Zeichen | 86161 Augsburg, den 18.12.2010 |

Antwort auf Ihren Brief vom 12.11.2010

Sehr geehrter Herr Sprenzinger,

vielen Dank für Ihr Schreiben vom 12.11.2010 und Ihrem Wunsch als Detektiv tätig zu werden. Leider gibt es zu viele Hobbydetektive, die ihre Auftraggeber durch mangelnde Kenntnisse und Berufserfahrung oft erheblich u. a. finanziell schädigen.

Im Detektivgewerbe ist es wie in jedem Beruf, man muss das Rüstzeug erst erlernen.
Was Sie mir in Ihrem Brief schildern grenzt zum Teil an "Stoking".
Auf jeden Fall ist es nicht erlaubt grundlos und / oder aus Langeweile Menschen hinterher zu spionieren, zu fotografieren etc. Hierfür benötigen Sie immer ein begründetes Interesse eines Auftraggebers ansonsten ist dies strafbar.

Den Detektiv - Beruf kann man über eine solide Ausbildung erlernen, hierzu gibt es die Möglichkeit z.B. im Detektiv Ausbildungsinstitut unter **www.detektiv-ausbildungsinstitut.de** Tel. 08247 – 997 955. Dabei erfährt man auch was erlaubt ist und was nicht!

Mit James Bond und seinen Actionfilmen hat das nichts zu tun. Stundenlange Beobachtungen können hart und langweilig sein. Teure Barbesuche in Nachtclubs auf Kosten der Auftraggeber sind ebenso selten wie Ermittlungen mit Urlaubsstimmung in der Karibik. Sie haben ein völlig falsches Bild vom Detektiv - Beruf. James Bond ist eine Romanfigur und keine Realität.

Alle Mitarbeiter der Detektei Heiss mussten eine entsprechende Berufsausbildung absolvieren, bevor sie "auf die Menschheit losgelassen wurden".

Mit freundlichen Grüßen

Werner Mayerl
Präsident des BBD

Jürgen Sprenzinger
Dorfstraße 3
86441 Steinekirch

An das
Bundesamt für Migration und Flüchtlinge
Frankenstraße 210

90461 Nürnberg

                                        Steinekirch, 28. Februar 2010

Sehr geehrte Damen und Herren,

in meiner Not wende ich mich vertrauensvoll an Sie. Mein Freund Kurt hat mir
geraten, mich an Sie zu wenden, weil sonst täte ich gar nicht wissen, dass es Sie
gibt. Ich hab ein gewaltiges Problem.

Meine Frau ist ein Drachen, schickaniert mich, und ab und zu gibt es auch Schläge,
wenn ich ihr nicht folge oder genau das tu, was sie will. Dann gibt es natürlich
auch nichts zu essen, und ich magere dann immer regelmäßig auf 58 Kilo ab.

Jetzt hab ich beschlossen, zu flüchten. Sie müssen mir Asyl gewähren und ich bitte
Sie hiermit um Zusendung eines Asylantrages, wenn es geht, so schnell als möglich, weil meiner Frau brennt wieder mal der Hut, sie wütet und benimmt sich wie
eine Furie. Ich halt das nicht länger aus. Ich muss weg, sonst erschlägt sie mich
eines Tages noch mit der Nudelwargel, und das wär mir gar nicht recht. Weil wenn
ich tot bin, dann macht sie erst recht einen Zirkus. Ich muss also möglichst schnell
schauen, dass ich von dem Drachen wegkomme.

Bitte teilen Sie mir schnellstmöglichst mit, wie und wann Sie mir helfen können.
Dafür wäre ich Ihnen sehr verbunden.

Entschuldigen Sie bitte auch, dass ich Sie belästigt habe.

Mit freundlichen Grüßen

Bundesamt für Migration und Flüchtlinge, 90343 Nürnberg

Herrn
Jürgen Sprenzinger
Dorfstraße 3

86441 Steinekirch

HAUSANSCHRIFT Frankenstraße 210
90461 Nürnberg

POSTANSCHRIFT 90343 Nürnberg

BEARBEITET VON
Bröker, Leiter StabLH

TEL +49 (0) 911 943-4600
FAX +49 (0) 911 943-4699

Detlef.Broeker@bamf.bund.de
www.bamf.de

Ihr Antrag auf Asyl
Ihr Schreiben vom 28. Februar 2010

Nürnberg, 31.Mai 2010
Seite 1 von 2

Sehr geehrter Herr Sprenzinger,

zunächst muss ich mich für die späte Antwort entschuldigen, aber Sie wissen ja, wie es in Behörden zugeht. Zunächst werden eingehende Schreiben auf den langen und zumeist unübersichtlichen Dienstweg gebracht und der Zuständige gesucht. Aber nun, nach etwa dreimonatigem Dienstreiseweg, hat mich Ihr Schreiben erreicht und ich hoffe, Sie sind noch wohlauf. Denn sonst wäre es nämlich zu spät, Ihnen mitzuteilen, dass ich Ihr Schreiben gemäß § 13 Asylverfahrensgesetz (AsylVfG) nur dann als Asylantrag werten könnte, wenn Sie Ausländer wären und Schutz vor politischer Verfolgung suchten. Denn das Grundrecht auf Asyl ist das einzige Grundrecht, das nur Ausländern zusteht.

Ausländer ist gemäß § 2 Aufenthaltsgesetz (AufenthG) jeder, der nicht Deutscher im Sinne des Artikels 116 Abs.1 Grundgesetz (GG) ist. Deutscher im Sinne des Grundgesetzes ist vorbehaltlich anderweitiger gesetzlicher Regelungen, wer die deutsche Staatsangehörigkeit besitzt oder als Flüchtling oder Vertriebener deutscher Volkszugehörigkeit oder als dessen Ehegatte oder Abkömmling in dem Gebiete des Deutschen Reiches nach dem Stande vom 31. Dezember 1937 Aufnahme gefunden hat.

Da sich Ihr Name nicht so anhört, als hätten Sie einen „Migrationshintergrund", musste ich recherchieren. Zwar habe ich in Wikipedia bei der Eingabe des Namens „Sprenzinger" nichts gefunden, aber als ähnlichen Begriff das Angebot „Scherzinger" bekommen und immerhin auch noch erfahren, dass „Jürgen" eine deutsche Nebenform des männlichen Vor-

Freiheit
Einheit
Demokratie

namens Georg ist. Deshalb gehe ich mal davon aus, dass Sie Deutscher sind. Da haben wir also das erste Problem.

Aber selbst wenn Sie Ausländer wären, hätte Ihr Antrag auf Asyl nur Aussicht auf Erfolg, wenn Sie vor politischer Verfolgung fliehen müssten. Das Grundrecht gemäß Art. 16a Abs.1 GG gilt allein für politisch Verfolgte, d.h. für Personen, die eine an asylerhebliche Merkmale anknüpfende Verfolgung erlitten haben bzw. denen eine solche unmittelbar droht. Asylerhebliche Merkmale sind nach der Genfer Flüchtlingskonvention Rasse, Religion, Nationalität, Zugehörigkeit zu einer bestimmten sozialen Gruppe und politische Überzeugung.

Bei dem von Ihnen geschilderten Schicksal (Schläge mit dem Nudelwargel, Hungernlassen) käme auf den ersten Blick eine Verfolgung wegen der Zugehörigkeit zu einer bestimmten sozialen Gruppe (Männer) in Betracht, eine so genannte geschlechtsspezifische Verfolgung. Aber dies auch nur, wenn Sie davor im ganzen Land keinen Schutz finden könnten. Und da haben wir das zweite Problem. Auch wenn sich Ihre Frau derart aufführt, übt sie ihre Tyrannei ja nur zuhause, gegebenenfalls noch im Wirtshaus aus.

Obwohl mir ihr Schicksal sehr leid tut, können wir Ihnen also unter keinem denkbaren Gesichtspunkt Asyl gewähren. Wenn Sie es gar nicht mehr aushalten, fragen Sie doch Ihren Freund Kurt, ob er Ihnen nicht Obdach gewährt. Das wäre dann, unter uns Asylspezialisten, eine „Inländische Fluchtalternative".

Mit freundlichen Grüßen

Im Auftrag

Detlef Bröker

Jürgen Sprenzinger
Dorfstraße 3
86441 Steinekirch

Bundesanstalt für Materialforschung
Unter den Eichen 87

12205 Berlin

Steinekirch, 1. November 2010

Sehr geehrte Damen und Herren,

Mein Sohn hat am 12. Dezember Geburtstag. Immer an diesem Tag findet eine riesige Geburtstagsparty im Haus statt. Ich schreib Ihnen das nicht, weil ich oder er etwa ein Geburtstagsgeschenk von Ihnen erwarten täten, sondern weil ich eine Frage fachlicher Art an Sie hab.

Als Vater möcht ich meinem Sohn eine besondere Freude machen. Er mag unheimlich gern Luftballons und ist wie verrückt darauf, obwohl er schon fast 23 ist. Immer wenn er einen Luftballon sieht, flippt er fast aus. Ich weiß nicht, ob das in dem Alter normal ist, aber er ist halt noch recht kindlich, der Bub.

Jetzt hab ich für eine Überraschung eine besondere Idee gehabt, und wollte ihm ein paar besondere Luftballons schenken, weiß aber nicht, ob sich der Bub dabei nicht verletzt oder so. Deshalb wende ich mich an Sie. Es geht um folgendes:

Ich plane, 20 Luftballons, und zwar 3 rote, 5 gelbe, 2 rosarote, 8 blaue (seine Lieblingsfarbe) und 2 grüne mit einem Gemisch aus Acetylengas und Sauerstoff zu füllen. Ich hab nämlich ein Autogenschweißgerät im Keller, da ist das überhaupts kein Problem. Ich will dazu als Zünder eine handelsübliche Wunderkerze am Ventil einführen, quasi als Zünder, damit man das Ganze in der Luft zur Explosion bringen kann. Natürlich ist der Luftballon anschließend kaputt, aber ich denke, der Bub wird das verkraften.

Jetzt meine Frage an Sie: Haben Sie hier Erfahrung? Kann das Ganze ins Auge gehen oder escalieren? Falls Sie mir abraten, werde ich den Plan aufgeben. Für einen kurzen Tipp wäre ich Ihnen sehr dankbar.

Mit freundlichen Grüßen

Bundesanstalt fü
Materialforschu
und -prüfung

⊠ BAM · Bundesanstalt für Materialforschung und -prüfung · 12200 Berlin

Herrn
Jürgen Sprenzinger
Dorfstraße 3
86441 Steinekirch

Ihr Zeichen

Ihre Nachricht vom
2010-11-01
Unser Zeichen
II-3106/2010
Unsere Telefon-Nr.
030 8104-1200
Unsere Fax-Nr.
030 8104-1207
Unsere E-Mail
thomas.schendler@bam

Datum
2010-12-06

Ihre Anfrage vom 1. November 2010

Sehr geehrter Herr Sprenzinger,

zu Ihrer sehr nett geschriebenen Anfrage vom 1. November 2010 möchte ich Ihnen meine Einschätzung geben. Ich fürchte, ich muss Ihrer geplanten Überraschung für Ihren „Bub" einen Dämpfer geben. Explosionen von Acetylen/Sauerstoff-Gemischen sind nicht „ohne". Je nach Zusammensetzung der Gemische kann die Explosion sehr heftig sein und – wie Sie selbst geschrieben haben – „das Ganze kann dann ins Auge gehen" (unter Umständen nicht nur sprichwörtlich). Weiterhin ist nicht auszuschließen, dass die explosionsartige Reaktion auch unter Rußbildung abläuft. Das gibt dann noch ein zusätzliches Ärgernis.
Also mein Vorschlag: Plan aufgeben und lieber mit den Ballons den Partyraum schmücken.

Mit freundlichen Grüßen

im Auftrag

Dr. Thomas Schendler
Leiter der Abteilung II
„Chemische Sicherheitstechnik"

Stammgelände Lichterf
Unter den Eichen 87
12205 Berlin

Zweiggelände Fabecks
Unter den Eichen 44–4
12203 Berlin

Zweiggelände Adlersho
Richard-Willstätter-Stra
12489 Berlin

Telefon: 030 8104-0
Telefax: 030 8112029
E-Mail: info@bam.de
Internet: www.bam.de

Deutsche Bundesbank
Filiale Kiel:
Kto. 210 010 30
BLZ 210 000 00

SWIFT Code: MARKDE
IBAN:
DE4221000000002100

⊠ Sicherheit in Technik und Chemie

Jürgen Sprenzinger
Dorfstraße 3
86441 Steinekirch

An das
Bundesamt für Naturschutz
Konstantinstr. 110

53179 Bonn Frankenstraße 210

Steinekirch, 28. Februar 2010

Betrifft Anfrage

Sehr geehrte Damen und Herren,

da ich leider niemanden Kompetenten finde, wende ich mich vertrauensvoll an Sie und bitte Sie um einige Auskünfte.

Ich plane, im Frühjahr zwei seltene Exemplare des asiatischen Zangenwicklers zu importieren. Wie Ihnen sicherlich bekannt sein dürfte, ist diese Gattung nicht gerade ungefährlich, da diese Tiere momentan sehr aggressiv sind und dazu äußerst gefräßig, insbesondere jetzt im Frühjahr, kurz vor der Paarungszeit. In der übrigen Zeit des Jahres aber sind sie sehr zutraulich und anhänglich wie Hunde.

Obwohl ich Ihnen versichere, dass die Tiere mit ausreichenden Sicherheitsmaßnahmen transportiert und anschließend artgerecht gehalten werden, hätte ich dennoch ein paar Fragen:
a) Muss ich die Einfuhr der Tiere genehmigen lassen?
b) Gibt es Fördermittel vom Bund (ich möchte mich zukünftig als Züchter betätigen und plane eine Zuchtanstalt, um die Verbreitung der Spezies auch im europäischen Raum zu fördern)

Für eine schnelle Auskunft wäre ich Ihnen sehr verbunden.

Mit freundlichen Grüßen

Bundesamt für Naturschutz, Konstantinstr. 110, 53179 Bonn

Jürgen Sprenzinger
Dorfstr. 3
86441 Steinekirch

Zentrale:	(0228) 8491-0
Durchwahl:	(0228) 8491- 1326
Telefax:	(0228) 8491-1319
E-Mail:	PetersK@bfn.de

Unser Zeichen: I 1.27.00

Auskunft erteilt: Fr. Peters

Bonn, 03.03.2010

Durchführung der Verordnung (EG) Nr. 338/97 des Europäischen Rates vom 09.12.1996 zur Anwendung des Washingtoner Artenschutzübereinkommens

Ihre Anfrage bezüglich der Einfuhr von asiatischen Zangenwicklern

Sehr geehrter Herr Sprenzinger,

wir haben am 02.03.2010 Ihre Anfrage bezüglich der Einfuhr asiatischer Zangenwickler erhalten.

Um Ihnen Auskunft über mögliche Dokumente zur Einfuhr geben zu können, muss die genaue wissenschaftliche Artbezeichnung vorliegen. Erst mit der genauen Artbezeichnung ist eine Recherche über den eventuellen Schutzstatus möglich.

Für weitere Fragen stehen wir Ihnen gern zur Verfügung.

Mit freundlichen Grüßen
Im Auftrag

Peters

BfN-Außenstelle Leipzig · Karl-Liebknecht-Str. 143 · 04277 Leipzig · Tel.: (0341) 30977-0 · Fax: (0341) 30977-40
BfN-Außenstelle Vilm · Insel Vilm · 18581 Lauterbach/Rügen · Tel.: (038301) 86-0 · Fax: (038301) 86-150

www.bfn.de

Jürgen Sprenzinger
Dorfstraße 3
86441 Steinekirch

Arbeitsgemeinschaft des mittleren
Vermessungstechnischen Dienstes
bei der Deutschen Bahn AG
Marienstraße 26

46487 Wesel

Steinekirch, 8. November 2010

Sehr geehrte Damen und Herren,

seit dem Jahre 1989 bin ich verrückt nach Eisenbahnen. Ich hab mir damals eine
eigene Eisenbahn angeschafft, Marke Märklin, die ich auf ein Brett mit den Maßen
5 x 7 Metern im Keller aufgebaut hab. Die Anlage wurde seitdem immer wieder
erweitert, unter anderm hab ich sogar einen Lokschuppen 7028 und bin sogar
im Besitz der Diesellok DHG500. Ich hab auch eine BR 232 DB AG oder eine
Schlepptender-Schnellzugdampflokomotive BR.18.1,DRG zum Beispiel.

Doch seit letztem Freitag hab ich ein Problem. Alle genannten Lokomotiven entgleisen immer an der gleichen Stelle, und zwar an der, kurz bevor die Lokomotiven
in den Tunnel einfahren. Etwa einen Meter hinter dem Tunnel ist der Bahnhof, was
natürlich blöd ist, weil nie ein Zug dort ankommt, denn wie schon gesagt, sie entgleisen kurz vor dem Tunnel.

Ich habe natürlich nachgeforscht, woran das liegen mag, bin aber rein optisch und
akkustisch zu keinem Ergebnis gekommen. Jetzt vermute ich, dass mit den Schienen was nicht Ordnung ist, also mit den Schienen vor dem Tunnel, meine ich.

Nun meine Frage an Sie: Kann ich Ihnen den Schienenabschnitt mal hinschicken,
damit Sie mir den vermessen? Ich glaub nämlich, dass der Schienenabstand nicht
mehr stimmt, weiß der Fuchs warum. Vielleicht haben sich selbige Schienen im

Lauf der Jahre verzogen, oder vielleicht hat meine Frau sie verbogen, um die Züge vorsätzlich zum Entgleisen zu bringen, was ich als familiären terroristischen Akt werten täte, denn meine Ehe stimmt schon seit zwei Jahren nicht mehr, und es könnte leicht sein, dass meine Frau hier einen Sabotageakt verübt hat, denn meine Eisenbahn ist meine Achillesferse, und das weiß die genau!

Bitte teilen Sie mir mit, ob Sie mir in dieser Angelegenheit helfen können.

Mit freundlichen Grüßen

Jürgen Sprenzinger

Nachtrag

Da ich auf mein wunderbares Eisenbahn-Schreiben bisher leider keine Antwort erhielt, wird mir wohl nichts anderes übrig bleiben, als bis zu deren Eintreffen mit etwas anderem zu spielen. Nun gut – auf diese Art bleibe ich geistig wenigstens flexibel …

Schließlich bekam ich dann doch noch eine Antwort:

Sehr geehrter Herr Sprenzinger,

ich habe mich heute über Ihren Brief köstlich amüsiert. Aber da ich Ihre Bücher kenne, können Sie von mir keine vernünftige Antwort erhalten. Als Geschäftsführer der Arbeitsgemeinschaft des mittleren Vermessungstechnischen Dienstes bei der Deutschen Bahn AG (AMVB) würde ich mich freuen, wenn Sie mir ein von Ihnen signiertes Buch schenken würden.

Mit freundlichen Grüßen

Kurt Seesing

Jürgen Sprenzinger
Dorfstraße 3
86441 Steinekirch

An das
Bundesamt für Naturschutz
Konstantinstr. 110

53179 Bonn Frankenstraße 210

Steinekirch, 4. März 2010

Betrifft Anfrage

Sehr geehrte Damen und Herren,

Vielen Dank für Ihre prompte Antwort vom 3.3.2010 und schnelle Erledigung
meines Anliegens.

Die wissenschaftlich genaue Artbezeichnung des asiatischen Zangenwicklers
lautet: „Forcipis circumplico asiaticum".

Da ich leider aus Zeitgründen leider noch nicht die Gelegenheit hatte, ein Foto zu
machen (die Tiere sind auch meist nachtaktiv und ich weit weniger), habe ich Ihnen
eine Vorabzeichnung aus dem Gedächtnis angefertigt, wobei ich sehr genau auf
Detailtreue geachtet habe.

Ich hoffe, Sie können vorab etwas damit anfangen.

Mit freundlichen Grüßen

Bundesamt für Naturschutz, Konstantinstr. 110, 53179 Bonn

Herrn
Jürgen Sprenzinger
Dorfstr. 3
86441 Steinekirch

Zentrale:	(0228) 8491-0
Durchwahl:	(0228) 8491- 0
Telefax:	(0228) 8491-1319
E-Mail:	citesma@bfn.de

Unser Zeichen: I1.1

Auskunft erteilt: Frau Paulsen

Bonn, 29. März 2010

Durchführung der Verordnung (EG) Nr. 338/97 des Europäischen Rates vom 09.12.1996 zur Anwendung des Washingtoner Artenschutzübereinkommens (WA) in der Europäischen Union
Ihre Anfrage bezüglich der Einfuhr von Forcipis circumplio asiaticum, „Asiatischer Zangenwickler"

Sehr geehrter Herr Sprenzinger,

vielen Dank für Ihre schnelle Antwort und die gelungene Zeichnung.
Wir können Ihnen mitteilen, dass die o.g. Art weder im Washingtoner Artenschutzabkommen, noch in der VO(EG) NR.338/97 aufgeführt ist und auch nicht von der Bundesartenschutzverordnung erfasst wird. Darum sind für die Einfuhr keine artenschutzrechtlichen Dokumente erforderlich. Bitte beachten Sie, dass solche Einfuhren nur am 1. April jeden Jahres abgefertigt werden.
Bitte achten Sie bei der Haltung der Tiere darauf, dass es nicht zu einer Kreuzung mit endemischen Arten kommt. Wir möchten Sie bitten, strengstens auf eine getrennte Haltung von Zangenwicklern und dem gemeinen europäischen Schraubenzieher zu achten, da es sonst zu einer Entstehung von äußerst aggressiven Mischformen kommen kann. Wir empfehlen, diese Arten in zwei getrennt stehende Werkzeugkästen unterzubringen.
Sollte es zu einer Veröffentlichung Ihrer Forschungsergebnisse, bzw. der Zuchtergebnisse (z.B. im Sprenzinger Verlag, Augsburg) kommen, so würden wir uns sehr freuen, wenn Sie uns ein Exemplar für die wissenschaftliche Bibliothek unseres Hauses zukommen zu lassen.

Sollten Sie noch weitere Fragen haben, können Sie sich gerne wieder an uns wenden.

Mit freundlichen Grüßen
Im Auftrag
Paulsen

BfN-Außenstelle Leipzig · Karl-Liebknecht-Str. 143 · 04277 Leipzig · Tel.: (0341) 30977-0 · Fax: (0341) 30977-40
BfN-Außenstelle Vilm · Insel Vilm · 18581 Lauterbach/Rügen · Tel.: (038301) 86-0 · Fax: (038301) 86-150

www.bfn.de

Jürgen Sprenzinger
Dorfstraße 3
86441 Steinekirch

Arbeitsgemeinschaft für Kinder-
und Jugendhilfe
Mühlendamm 3

10178 Berlin

Steinekirch, den 10. von diesem Jahr

Liebe Kinderhilfe!

Ich bin der Jürgen, 10 Jahre alt und geh in die Grundschule in die 4 te Klasse.
Und das ist ein Problem.

Meine Klassenkamaraden sagen nämlich immer zu mir, ich hätt abstehende Ohren.
Und das stimmt überhaupts gar nicht. Meine Ohren stehen bloss ungefehr einein-
halb Zendimeter vom Kopf weg. Trozdem sagen die immer, ich hätt Segelflieger-
ohren. Manchmal nennen die mich auch Jumbo. Jumbo ist der fligende Elefant,
aber das wissen Sie bestimt selber.

Nur der Thomas, der ist nett zu mir. Desderwegen ist der auch mein Freund. Und
der Thomas hat zu mir gesagt, ich soll ihnen deswegen schreiben, damit Sie mal
den andern richtig Bescheid sagen, dass die das nicht mehr zu mir sagen dürfen,
weil das nämlich eine Beileidigung zu mir ist. Und sie sind die Kinderhilfe und
deswegen bitte ich sie, mir zu helfen. Meinem Papi hab ich das alles schon erzählt,
aber der hat nur gelacht und gesagt, das die andern halt blöd sind. Aber mein Papi
ist ein Feigling und manchmal auch ein Riesendepp. Aber sagen sie ihm das bitte
nicht, weil sonst versohlt er mir den Arsch.

Ihre Adrese hat der Thomas aus dem Internet, weil der sich mit Komputern auskennt, dem Thomas sein Vater ist nämlich ein Programmierer in einem großen
Geschäft. Er programmiert immer nachts damit er nicht ins Bett mus.

Ich tät mich sehr freuen, wenn Sie mir helfen täten oder sagen, was ich machen soll.

Mit freundliche Grüße

Jürgen Sprenzinger

Was ich noch sagen wollt: Der Thomas hat nicht unterschrieben weil er sich nicht getraut hat.

Nachtrag

Das ist gemein! Da schreibt man denen einen so schönen Brief, weil man Hilfe braucht. Und dann sagen die nichts dazu. Das find ich echt unfähr. Wo ich mich so angestrengt hab, denen das zu schreiben!

Denen schreib ich nie mehr im Leben!

Jürgen Sprenzinger
Dorfstraße 3
86441 Steinekirch

Bundesamt für den Zivildienst
Sibille-Hartmann-Straße 2-8

50969 Köln

Steinekirch, 1. März 2010

Sehr geehrte Damen und Herren,

im Jahre 1967 wurde ich von der Bundeswehr gemustert. Leider wurde ich – obwohl ich damals energisch betont habe, ich wolle dem Vaterland dienen – nicht genommen, da der zuständige Stabsarzt felsenfest behauptete, „mit meinem Körper könne man keinen Krieg gewinnen", und zusätzlich feststellte, dass ich eine leichte Rückgrat-verkrümmung hätte. Diese Rückgratverkrümmung hat mich übrigens mein ganzes Leben lang nicht beeinträchtigt, ich war stets leistungsfähig. All meine verflossenen Frauen können Ihnen das bestätigen.

Kurz und gut: Ich wurde zur „Ersatzreserve II" abgestempelt und bin danach beschämt nach Hause gefahren. Ich habe dies als persönliche Beleidigung aufgefasst.

Ich bin nun 60 (Jahrgang 1949) und mit diesem Umstand nie so recht fertig gewor-den, weil ich eigentlich zur Luftwaffe oder zumindest zu den Panzergrenadieren gewollt hätte. Mein ganzes Leben lang war ich dadurch beeinträchtigt, denn immer wenn man mich fragte, ob ich bei der Bundeswehr gewesen sei, musste ich nur beschämt errötend den Kopf schütteln. Das hat mich seelisch schwer belastet, und ich hatte dabei immer das Gefühl eines verpfuschten Lebens.

Jetzt habe ich erfahren, dass Sie für den Zivildienst zuständig sind, und äußere nun meine Bitte dergestalt, dass ich Sie bitte, mich wenigstens nachträglich den Zivil-dienst machen zu lassen, denn sonst falle ich vielleicht eines Tages ins Grab und weiß nicht, für was ich eigentlich gelebt habe. Ich komme mir unnütz vor und habe mir gedacht, ich könnte vielleicht noch etwas für das Vaterland tun. Diese Bitte sollten Sie einem alten Mann im reiferen Alter nicht abschlagen! Dazu kommt nämlich auch, dass ich noch unwahrscheinlich fit bin. Ich könnte nämlich in Afghanistan, in Kunduz zum Beispiel, locker meinen Mann stehen oder zumindest für die einheimische Bevölkerung Brunnen oder sogar Brücken bauen (dafür hatte ich schon damals, als ich noch ein Junge war und meinen Metallbaukasten hatte, eine Vorliebe).

Sie sehen also, ich wäre immer noch ziemlich flexibel und hoffe somit, meine Bitte geht nicht ungehört an Ihnen vorbei.

Mit freundlichen Grüßen

Bundesamt für den Zivildienst

Postanschrift: Bundesamt für den Zivildienst • 50964 Köln

Herrn
Jürgen Sprenzinger
Dorfstraße 3
86441 Steinekirch

Bearbeitung
Frau Christine Bachenberg

Telefon 0221　　　Telefax 0221
3673-2438　　　　3673-2595

E-Mail
cbachenb@baz.bund.de

Datum
08.03.2010

Mein Zeichen (bei Rückantwort bitte stets angeben)　　Meine Nachricht vom　　Ihr Zeichen　　Ihre Nachricht vom
II 1- 81.00 (Sprenzinger)　　　　　　　　　　　　　　　　　　　　　　　　　　　　　　　01.03.2010

Ableistung des Zivildienstes

Sehr geehrter Herr Sprenzinger,

ich danke ihnen für Ihr Angebot noch mit 60 Jahren den Zivildienst machen zu wollen, obwohl Sie dies als vielbeschäftigter Autor zeitlich sicher nur schwer einrichten können.

Der Zivildienst ist die Form der Erfüllung der Wehrpflicht für anerkannte Kriegsdienstverweigerer. Mit 60 Jahren sind Sie nicht mehr wehrpflichtig und haben daher auch kein Rechtsschutzinteresse mehr für einen Antrag auf Anerkennung als Kriegsdienstverweigerer.

Zivildienst kann übrigens nur im Inland geleistet werden. Brücken oder Brunnen bauen in Kundus wäre nicht als Zivildienst möglich. Ich kann Sie daher nur damit trösten, dass auch Ihre humorigen Werke geeignet sind, Brücken zwischen den Menschen zu bauen.

Ich wünsche ihnen dazu weiterhin viel Erfolg.

Mit freundlichen Grüßen
Im Auftrag

Bachenberg

Jürgen Sprenzinger
Dorfstraße 3
86441 Steinekirch

Arbeitsgemeinschaft für Entwicklungshilfe e. V.
Ripuarenstraße 8

50679 Köln

Steinekirch, 8. November 2010

Sehr geehrte Damen und Herren,
liebe Mitbrüder und Schwestern,

schon damals, als ich 8 Jahre alt war, wollt ich unbedingt ein Missionar werden. Auch später, also so mit 15 oder 16, hatte ich immer noch diesen Wunsch, aber meine Eltern haben mich nicht Missionar werden lassen wollen, weil sie gesagt haben, ich soll lieber was Vernünftiges lernen und nicht immer solche Hirngespinste haben.

Ich wollt immer als Missionar nach Afrika. Als ich das meinem Vater gesagt hab, hat der gemeint, ich wär komplett verrückt, und mir immer Angst gemacht, weil er mir erzählt hat, mich würden dort die Kannibalen fressen.

Im Moment bin ich 23, ich steh in Saft und Kraft, kann arbeiten wie ein Stier und bin körperlich gesund. Und immer noch will ich Missionar werden. Ich möchte Ihnen an dieser Stelle mitteilen, dass ich die Bibel fast auswendig kenne, angefangen von der Genesis über die Bergpredigt bis hin zur Offenbarung des Johannes, und ich bin mir total sicher, dass ich die christliche Botschaft eindrucksvoll und locker den schwarzen Mitbrüdern rüberbringen könnte, wenn man mich lassen täte.

Obwohl ich immer keusch und jungfräulich geblieben bin, kenne ich sogar die Missionarsstellung: Mann und Frau oben, Missionar unten. Das hat mir meine Oma, die leider am 4. März vor drei Jahren den Übertritt ins Jenseits gemacht hat bzw. über den Jordan gegangen ist, gelernt. Meine Oma war eine beherzte, gütige Frau, lebensnah und unheimlich prakmatisch veranlagt. Sie hat ihr Leben auch tapfer durchgestanden und erst dann vom Ableben Gebrauch gemacht, als sie gar nichts mehr anderes konnte. Von ihr habe ich auch den Glauben an das Gute im Menschen. Ich bin unwahrscheinlich friedlich veranlagt. Wär ich ein Vogel, dann ganz sicher eine Friedenstaube. Bei mir kommt immer zuerst der Mensch und dann erst alles andere. Besitz interessiert mich nicht, und ich find das blöd, wie es die Leute immer so wichtig mit ihrem Geld haben.

Aber das wollt ich Ihnen eigentlich gar nicht schreiben. Ich wollt Sie einfach nur fragen, ob Sie für mich eine Verwendung hätten, und gleichzeitig auch, was für welche Eigenschaften man für einen Missionar haben muss oder für einen Entwicklungshelfer.

Ich würde mich wahnsinnig freuen, wenn ich etwas von Ihnen hören täte.

Mit freundlichen Grüßen

Nachtrag

Keine Antwort, leider … Entweder habe ich hier zu dick aufgetragen, oder die wollen mich aus unerfindlichen Gründen nicht. Vielleicht mangelt es mir an den Qualitäten. Schade – bin ich doch wirklich so ziemlich bibelfest.
Verständlicherweise bin ich jetzt sehr verunsichert und dabei, langsam meinen Glauben an das Gute im Menschen zu verlieren. Da fällt einem Pfarrer doch glatt der Ministrant vom Schoß!

Jürgen Sprenzinger
Dorfstraße 3
86441 Steinekirch

Bundesamt für Bauwesen
und Raumordnung
Deichmanns Aue 31-37

53179 Bonn

Steinekirch, 1. März 2010

Sehr geehrte Damen und Herren,

ich hab ein Problem, und deswegen schreib ich Ihnen. Vielleicht können Sie mir ja behilflich sein, weil ich mir nicht mehr zu helfen weiß. Durch Zufall habe ich von Ihnen erfahren und möchte Sie nun um Ihre Hilfe bitten.

Mein Problem ist mein 11jähriger Sohn, der ein richtiger Sauschlamper ist. Er räumt nie auf, macht sein Zimmer dreckig und lässt alles stehen und liegen, wo er geht und steht. Er hat von Raumordnung soviel Ahnung wie eine Kuh vom Singen.

Deswegen hab ich gedacht, ich wende mich an Sie, und bitte Sie, mir ein amtliches Schreiben zukommen zu lassen, in dem steht, dass die Raumordnung unbedingt eingehalten werden muss. Ich meine, Sie sind ja eine staatliche Institution, wenn Sie das schreiben, dann wirkt das ganz anders als wie wenn ich ihm das sage. Sie wissen ja, dass Eltern immer für blöd gehalten werden und der Vater sowieso.

Ich würde ihm gerne Ihr Schreiben einrahmen und ihm in sein Zimmer hängen, damit er ständig daran erinnert wird, dass ihm ab sofort der Staat auf die Finger schaut. Wenn der Bub das dann nicht kapieren sollte, dann muss er weg ins Internat, weil er dann nämlich ein Depp ist, soviel ist sicher.

Ich bedanke mich herzlich im Vorhinein.

Mit freundlichen Grüßen

Kurzmitteilung

BBSR im BBR, Deichmanns Aue 31-37, 53179 Bonn

Herrn
Jürgen Sprenzinger
Dorfstr. 3

86441 Steinekirch

Bundesinstitut für Bau-, Stadt- und Raumforschung (BBSR) im Bundesamt für Bauwesen und Raumordnung

Zutreffendes ist angekreuzt ☒ oder ausgefüllt

Ihr Zeichen, Ihre Nachricht vom	Mein Zeichen, meine Nachricht vom	Datum 15.03.2010
Telefon 022899 / 401 2297	Telefax 022899/401-2282	Anlage - 1 -
Betreff Ihr Schreiben vom 01.03.2010		Termin

Die beigefügten Unterlagen erhalten Sie   ☐ gegen Rückgabe   ☒ zum Verbleib

☐ zuständigkeitshalber   ☐ mit Dank zurück   ☐ im Nachgang zum Bezugsschreiben
☐ gemäß fernmündlicher Absprache   ☐ auf Ihren Wunsch   ☐

mit der Bitte um

☐ Prüfung   ☐ Stellungnahme   ☐ Genehmigung / Unterschrift
☐ Rückruf   ☒ Kenntnisnahme   ☐ Beifügung des Vorgangs / der Unterlagen
☐ Erledigung   ☐ Zustimmung   ☐ Mitteilung über den Sachstand
☐ Rücksprache   ☐ weitere Veranlassung   ☐

Bemerkungen
Aus dem Flyer ist das Aufgabenspektrum des BBSR zu ersehen

Mit freundlichen Grüßen

Im Auftrag

Karin Veith

Nachtrag

Die haben das anscheinend ernst genommen. Schön, wenn man endlich einmal ernst genommen wird!

Jürgen Sprenzinger
Dorfstraße 3
86441 Steinekirch

Bundesanstalt für Arbeitsschutz
und Arbeitsmedizin (BAuA)
Friedrich-Henkel-Weg 1-25

D-44149 Dortmund

Steinekirch, 1. März 2010

Sehr geehrte Damen und Herren!

Leider weiß ich mir nicht mehr anders zu helfen, als bei Ihnen, einer staatlichen Stelle, Hilfe und Rat zu erbitten.

Ich habe folgendes Problem: Ich lebe zusammen mit meinem Bruder, der ein ganz ein gehässiger Mensch ist. Ich hab ein Büro im Haus, mit Computer und Drucker. Und mein Bruder ist deswegen neidisch auf mich, weil er nämlich keinen Computer und Drucker hat, weil er sich das überhaupts nicht leisten kann. Mein Bruder arbeitet fast gar nicht, er ist ein stinkfauler Hund.

Immer wenn ich in meinem Büro sitze, dann kommt er ungebeten herein und reißt einfach mein Fenster und meine Türe auf, ungeachtet, welches Wetter draußen herrscht. Er setzt mich rücksichtslos und gehässig jeder kalten Witterung aus, und in meinem Büro herrscht ständig Zugluft. Er mobbt mich auch, indem er mir eine alte Banane auf den Bürostuhl legt. Ich hab mich zwischenzeitlich schon auf 4 alte Bananen gesetzt, weil er das immer wieder macht und ich das nicht gesehen hab.

Neulich hat er mir sogar meinen Monitor mit Joghurt zugeschmiert, so dass ich zwei Stunden mit Putzen und Reinigen desselben beschäftigt war.

Ich hab ihm angetroht, dass ich Ihnen schreibe und Ihnen den Fall schildere, aber er hat nur recht deppert gelacht und gesagt, dass ihm das vollkommen wurscht sei.

Jetzt hätte ich eine Bitte an Sie: Vielleicht können Sie mir ein amtliches Schreiben schicken, indem Sie schreiben, dass Mobbing verboten ist und strafbar ist. Mir glaubt er es jedenfalls nicht, und ich kann doch nicht zur Polizei gehen und meinen eigenen Bruder anzeigen, das geht doch nicht! Aber Sie als Bundesanstalt für Arbeitsschutz haben schließlich eine gewisse Authorität, die ihn beeindruckt.

Für Ihre Mühe auf alle Fälle herzlichen Dank im vorhinein.

Mit freundlichen Grüssen

Jürgen Sprenzinger

Bundesanstalt für Arbeitsschutz
und Arbeitsmedizin
Federal Institute for Occupational
Safety and Health

Bundesanstalt für Arbeitsschutz und Arbeitsmedizin, Postf. 17 02 02, D-44061 Dortmund

Herr
Jürgen Sprenzinger
Dorfstraße 3

86441 Steinekirch

Ihr Ansprechpartner

Das Informationszentrum der
BAuA

Friedrich-Henkel-Weg 1-25
44149 Dortmund
Tel.: +49 231 9071 - 2071
Fax: +49 231 9071 - 2070
info-zentrum@baua.bund.de
www.baua.de

Ihr Zeichen, Ihre Nachricht vom
01.03.2010

Mein Zeichen, meine Nachricht vom

Datum
08.03.2010

Mobbing am Arbeitsplatz

Sehr geehrter Herr Sprenzinger,

wir bedauern Ihre momentane Situation, welche Sie uns in Ihrem Brief geschildert haben, sehr. Wir möchten Ihnen empfehlen, sich mit der beschriebenen Problematik an eine Beratungsstelle zu wenden. Eine bundesweite Zusammenstellung von Beratungsstellen, Mobbingtelefonen, etc. finden Sie auf der Website der Universität Vechta: http://www.personalrat.uni-vechta.de/108.html .

Weitere Hilfestellungen können Sie über folgende Adressen im Internet erfahren:

www.hilfe-gegen-mobbing.de (Zum Thema "Hilfe gegen Mobbing" veranstalten die Autorinnen u.a. Infoabende und Seminare, Telefon-Infos: 0177 8676116)

www.mobbing-web.de (Informationen über Mobbing)

www.mobbing-zentrale.de (Beratungsstellen)

www.konfliktfeld-pflege.de (Mobbing-Tagebuch zum downloaden)

www.gefas-ev.de (Gesellschaft für Arbeits- und Sozialrecht - Antimobbingberatung)

www.kompetenznetz-depression.de (Information, Beratung bei Depressionen)

www.psychotherapiesuche.de (Informationsdienst des Berufsverbands Deutscher Psychologinnen und Psychologen)

www.das-beratungsnetz.de (Überblick über diverse Beratungsforen)

www.bundesrechtsanwaltskammer.de (Anwaltssuche)

www.komnet.nrw.de

Telefonische Beratungsstellen gibt es u.a. bei den Sozialämtern, Ämtern für Arbeitsschutz, Gleichstellungsstellen der Kommunen, Beratungsstellen der Gewerkschaften, Krankenkassen, Kirchen, Wohlfahrtsverbänden, sozialen Vereinen und Verbänden, Selbsthilfegruppen.

Ferner haben wir Ihnen unsere kostenlose Broschüre „Wenn aus Kollegen Feinde werden… - Der Ratgeber zum Umgang mit Mobbing" beigefügt. Hier sind allgemeine Informationen und Handlungsstrategien rund um das Thema „Mobbing" zusammengefasst.

Wir hoffen Ihnen mit diesen Informationen weitergeholfen zu haben und verbleiben

mit freundlichen Grüßen
Ihr Informationszentrum

Jürgen Sprenzinger
Dorfstraße 3
86441 Steinekirch

Arbeitsgemeinschaft Deutscher Verkehrsflughäfen
Gertraudenstraße 20

10178 Berlin

Steinekirch, 8. November 2010

Sehr geehrte Damen und Herren,

schon seit einigen Jahren plane ich den Bau eines Flughafens für kleinere ein-
motorige Maschinen und auch Segelflugzeuge. Ich hab ein Grundstück von ungefähr 400 Metern Länge und ungefähr 30 Metern Breite zur Verfügung, wobei ich
allerdings nicht weiß, ob das als Start- und Landebahn ausreichend wäre. Allerdings verläuft am linken Rand desselbigen Grundstücks ein Waldstück, das sich
ebenfalls in meinem Besitz befindet. Ich könnte einen Teil davon abholzen, so dass
man das gesamte Areal um etwa 6 Meter verbreitern könnte.

Ich geb zu, dass dies nicht meine Idee ist. Mein Freund Hans Habermeier hat mich
darauf gebracht, weil er mich angemotzt hat und gesagt, dass dieses Grundstück
nur brach liegt, und ich soll endlich was Vernünftiges damit anfangen. Hans ist seit
Jahren ein begeisterter Modellflieger und fliegt nicht nur Jagdbomber, sondern
sogar einen Hubschrauber, was mich immer sehr beeindruckt hat. Und da hab ich
mir gedacht, ich könnte gleich einen Verkehrslandeplatz für richtige Flugzeuge
machen. Der Hans findet die Idee auch gut.

Allerdings weiß ich auch nicht, wie hier die gesetzlichen Bestimmungen sind und
ob man sich als einfacher Bürger seinen eigenen Flugplatz bauen darf, ohne dass
nicht wieder sofort irgendeine Behörde was dagegen hat.

Vielleicht sind Sie so nett und geben mir Auskunft, was Sie von dieser Idee halten und wie man möglichst die Fettnäpfchen vermeidet. Schließlich würde mir so ein Flugplatz einen ganzen Haufen Geld kosten, und eine Fehlinvestition möchte ich natürlich vermeiden.

Vielen Dank im Voraus.

Mit freundlichen Grüßen

Nachtrag

Tja – leider keine Antwort … und so weiß ich natürlich immer noch nicht, ob ich den Flughafen nun bauen darf oder nicht. Falls nicht, macht das auch nichts. Dann baue ich eben eine Rennstrecke für Formel-1-Rennwägen …

Jürgen Sprenzinger
Dorfstraße 3
86441 Steinekirch

Senatsverwaltung für
Integration, Arbeit und Soziales
Antidiskriminierungsstelle
Oranienstraße 106

10969 Berlin

Steinekirch, 2. März 2010

Sehr geehrte Damen und Herren,

ich möchte folgendes aktenkundig machen: Mein Nachbar gegenüber, der Otto
Thiele, nennt mich immer, wenn er mich sieht, völlig grundlos einen „Volldepp".

Hiermit teile ich Ihnen ordnungshalber mit, dass ich kein Volldepp nicht bin, sondern ein normaler Bürger. Es handelt sich somit einwandfrei um eine unmittelbare
Diskriminierung meiner Person, die meiner Ehre, meinem Ansehen und meinem
Ruf schadet und ich deswegen viele Nachteile in Kauf nehmen muss. So zum Beispiel bedient mich unser Metzger immer nur ganz am Schluss, wenn alle Kunden
bereits aus dem Laden sind. Beim Bäcker ist das übrigens neuerdings auch so. Und
der jubelt mir immer auch mal ein altes Brötchen in meine Tüte. Ich werde immer
und überall benachteiligt, auch bei meiner Frau. Wenn ihr Freund sie besuchen
kommt, bin ich für sie nur noch Luft.

Ich fühle mich seit dem überall, wo ich gehe und stehe, diskriminiert und wollte
Sie deshalb um Ihren Rat bitten. Was tut man in so einem Fall? Ich will doch nur
normal leben und wie ein Mensch behandelt werden.

Es wäre sehr nett von Ihnen, wenn Sie hier eine Möglichkeit des Einschreitens
sehen würden, und bedanke mich für Ihre Hilfe im Voraus.

Mit freundlichen Grüßen

Senatsverwaltung für Integration, Arbeit und Soziales

Landesstelle für Gleichbehandlung - gegen Diskriminierung
(Antidiskriminierungsstelle)

Senatsverwaltung für Integration, Arbeit und Soziales
Oranienstraße 106, 10969 Berlin

Herrn
Jürgen Sprenzinger
Dorfstraße 3
86441 Steinekirch

Geschäftszeichen (bei Antwort bitte angeben)
LADS 4
Bearbeiter/in:
Monika Brodehl
Zimmer:
4096
Telefon:
(030) 9028 (Intern: 928) 2708
Telefax:
(030) 9028 (Intern: 928) 2061
Datum:
0 4 .03.2010

Sehr geehrter Herr Sprenzinger,

Ihren Brief vom 02.03.2010 habe ich erhalten.

Die Arbeit unserer Landesantidiskriminierungsstelle ist an die Berliner Landesgrenze gebunden. Ich nehme deshalb an, dass Sie die Antidiskriminierungsstelle des Bundes anschreiben wollten.

Aus Gründen des Datenschutzes ist es mir nicht möglich, Ihr Schreiben weiterzuleiten. Bitte haben Sie Verständnis.

Hier sind die Kontaktdaten der Antidiskriminierungsstelle des Bundes:

Postadresse:
11018 Berlin
Telefon:
03018/ 555 - 1865
Telefax:
03018/ 555 - 41865
E-Mail:
poststelle@ads.bund.de
http://www.antidiskriminierungsstelle.de/

Ihren Brief habe ich diesem Schreiben beigefügt.

Mit freundlichen Grüßen
Im Auftrag

Monika Brodehl

Anlage

Dienstgebäude:	Fahrverbindungen:	Sprechzeiten:	Zahlungen bitte	Kontonummer	Geldinstitut	Bankleitzahl
Oranienstraße 106	- U6 Kochstr., Bus M29	Montag und Dienstag	bargeldlos nur an die	58-1 00	Postbank Berlin	100 100 10
10969 Berlin	- U8 Moritzplatz, Bus M29	von 10.00 bis 14.00 Uhr	Landeshauptkasse,	9 919 260 800	Berliner Bank AG	100 200 00
	- U2 Spittelmarkt (ca. 10 Min. Fußweg)	und nach telefonischer	Klosterstr. 59	0 990 007 600	Landesbank Berlin	100 500 00
	- S1, S2, S25 Anhalter Bahnhof, Bus M29	Vereinbarung	10179 Berlin	10 001 520	LZB Berlin	100 000 00
	- Bus M29, 248					

E-Mail: Monika.Brodehl@senias.berlin.de   Internet: www.berlin.de/sen/ias/
(Der Empfang elektronisch signierter Dokumente ist vorerst nicht möglich.)

Jürgen Sprenzinger
Dorfstraße 3
86441 Steinekirch

An die
Antidiskriminierungsstelle des Bundes

11018 Berlin

Steinekirch, 9. März 2010

Sehr geehrte Damen und Herren,

die Senatsverwaltung für Integration, Arbeit und Soziales hat mich an Sie verwiesen, da sie nicht für mich zuständig ist. Eine Weiterleitung meines Briefes war der zuständigen Sachbearbeiterin wegen Gründen vom Datenschutz nicht möglich, und außerdem hat sie geschrieben, dass sie an die Berliner Landesgrenze gebunden sei, was ich persönlich sehr bedauere und mir selbstverständlich auch leid tut, weil es sicherlich ein schweres Schicksal ist. Deshalb schreib ich jetzt Ihnen.

Ich wollte folgendes aktenkundig machen: Mein Nachbar gegenüber, der Otto Thiele, nennt mich immer, wenn er mich sieht, völlig grundlos einen „Volldepp".

Hiermit teile ich Ihnen ordnungshalber mit, dass ich kein Volldepp nicht bin, sondern ein normaler Bürger. Es handelt sich somit einwandfrei um eine unmittelbare Diskriminierung meiner Person, die meiner Ehre, meinem Ansehen und meinem Ruf schadet und ich deswegen viele Nachteile in Kauf nehmen muss. So zum Beispiel bedient mich unser Metzger immer nur ganz am Schluss, wenn alle Kunden bereits aus dem Laden sind. Beim Bäcker ist das übrigens neuerdings auch so. Und der jubelt mir immer auch mal ein altes Brötchen in meine Tüte. Ich werde immer und überall benachteiligt, auch bei meiner Frau. Wenn ihr Freund sie besuchen kommt, bin ich für sie nur noch Luft.

Ich fühle mich seit dem überall, wo ich gehe und stehe, diskriminiert und wollte Sie deshalb um Ihren Rat bitten. Was tut man in so einem Fall? Ich will doch nur normal leben und wie ein Mensch behandelt werden.

Es wäre sehr nett von Ihnen, wenn Sie hier eine Möglichkeit des Einschreitens sehen würden, und bedanke mich für Ihre Hilfe im Voraus.

Mit freundlichen Grüßen

Nachtrag

Tja – keine Antwort. Wahrscheinlich wussten die auch nicht weiter und haben sich deshalb vor einer Antwort gedrückt …

Jürgen Sprenzinger
Dorfstraße 3
86441 Steinekirch

Bundesministerium für Wirtschaft und Technologie
Herrn Minister Rainer Brüderle
Scharnhorststr. 34-37

10115 Berlin

Steinekirch, 2. März 2010

Sehr geehrter Herr Minister Brüderle!

Entschuldigen Sie bitte, wenn ich als kleiner Bürger Sie belästige. Aber ich schreibe auf Anraten von meinen Bekannten und hätte da eine Frage.

Zunächst mal: Ich spiele wahnsinnig gern Monopoly. Ich spiele das schon seit meiner Kindheit und bin zwischenzeitlich so professionell, dass ich gegen alle, gegen die ich gespielt hab, gewonnen hab. Wenn ich erst mal die Schlossallee besitze, dann sind die andern meistens verratzt.

Ab und zu spiele ich auch das Spiel „Die Gilde", am Computer, wo man als Alchimist oder als Prediger im Jahr 1403 anfängt und dann verschiedene Berufe ausüben kann. Auch hier bin ich ziemlich gut, und 50 Jahre später gehört mir meistens schon die ganze Stadt.

Aber das wollte ich Ihnen eigentlich gar nicht schreiben, sondern das war nur als Einleitung gedacht, damit Sie verstehen, warum ich überhaupt an Sie schreibe. Alle meine Bekannten haben mir gesagt, weil ich so clefer bin, sollte ich mich angesichts der schrumpfenden und kränkelnden Wirtschaft bei Ihnen als Berater bewerben, weil wenn alle so wären wie ich, dann ginge es mit Deutschland wirtschaftlich ganz schnell wieder aufwärts und ich wäre vermutlich einer der ganz wenigen, der das Wirtschaftswachstum ziemlich schnell auf ungefähr drei Prozent hochschrauben könnte.

179

Ich wollte ganz einfach mal anfragen, ob ich nicht eine Beratertätigkeit für Sie ausüben könnte. Ich müsste da nicht nach Berlin, denn ich hab Email und Internet und
könnte das vom Homeoffice aus erledigen. Dadurch bedingt, dass ich bereits in
Frührente bin, hätte ich ständig Zeit und könnte dadurch fast jedes wirtschaftliches
Problem sofort und ohne Verzögerung in Angriff nehmen. Zudem wäre es für mich
eine große Freude, denn ich hätte auch wieder eine Beschäftigung, die meinem
Leben wieder einen Sinn geben würde.

Vielleicht können Sie da was machen. Ich stehe bei Fuß.

Mit freundlichen Grüßen

Nachtrag

Tja, Herr Minister Brüderle … Dann eben nicht.

Vermutlich traut mir der Mann das nicht zu, oder die haben schon so viele Berater, dass sie vor lauter Beraten nicht mehr zum Handeln kommen. Und deshalb dürfte es auch noch einige Zeit dauern – unter dem Aspekt einer Staatsverschuldung von gut 1,75 Billionen Euro betrachtet –, bis Deutschland mal wieder so richtig in Schwung kommt. Ich glaube, mit der aktuellen Regierung wohl kaum …

Jürgen Sprenzinger
Dorfstraße 3
86441 Steinekirch

Bundesanstalt für Geowissenschaften
und Rohstoffe – Geozentrum Hannover
Stilleweg 2

30655 Hannover

Steinekirch, 7. März 2010

Sehr geehrte Damen und Herren,

seit November 2009 lebe ich in Steinekirch, einem kleinen Ort nahe Augsburg.
Ich lebe in einem älteren Einfamilienhaus.

Bei meinem Einzug habe ich als erstes meine Werkstatt im Keller eingerichtet,
denn ich hasse es, immer nach Werkzeug zu suchen. Bei mir hat alles einen festen
Platz. Ich habe den Keller grundrenoviert und im Zuge der Renovierung eine Pro-
bebohrung nach unten durchgeführt. Ich habe das bisher noch mit jeder Behausung
praktiziert, da ich wissen will, auf welchem Grund und Boden ich lebe und auf
welchem Untergrund ich mit meinen Füßen stehe, da ich sehr auf Sicherheit
bedacht bin.

Bei der aktuellen Grundbohrung bin ich nun ganz offensichtlich auf Spuren von
Erdöl gestoßen, was meine Vermutung bekräftigt, dass ich eine Ölquelle angebohrt
habe bzw. diesbezüglich fündig geworden bin. Der Nachbarschaft habe ich das aus
verständlichen Gründen bis heute verschwiegen, auch meiner Vermieterin, weil die
sich so leicht aufregt. Zudem muss ich noch einige Gutachten einholen, was noch
etliche Zeit in Anspruch nehmen dürfte. Außerdem hört sich das sehr unglaub-
würdig an, wenn man den Leuten erzählen täte, dass man eine Ölquelle im Keller
hat, kaum 80 Meter unter dem Haus.

Die Frage an Sie jedoch, deren Beantwortung mich brennend interessieren würde, ist, ob ich – im Falle einer tatsächlich vorliegenden Ölquelle – dieses Öl dann ohne juristische Probleme wirtschaftlich nutzen könnte – also Verkauf an eine Raffinerie oder ähnliches, da es ja unsinnig wäre, auf einer Ölquelle zu sitzen und nichts damit anzufangen, wenn ich schon das Glück habe. Und für den Hausgebrauch kann ich mit solchen Mengen nichts anfangen, wie Sie sicherlich verstehen werden.

Verständlicherweise bin ich in einem Dilemma, da diese entscheidenden Fragen bisher noch nicht geklärt sind. Da ich aber ein unbescholtener gesetzestreuer Bürger bin, will ich natürlich nichts Falsches tun und erbitte daher Ihren diesbezüglichen Rat und Beistand.

Für Ihre Mühe danke ich Ihnen im voraus.

Mit freundlichen Grüßen

Nachtrag

Richtigstellung: Bei der von mir entdeckten Ölquelle handelt es sich nicht um Erdöl. Genaue Analysen ergaben, dass es sich um Salatöl, ein Gemisch aus Sonnenblumen- und Distelöl handelt. Ich nehme an, der Bundesanstalt für Geowissenschaften war diese Tatsache bekannt, weshalb auf eine Antwort verzichtet wurde. Ich habe mich zwischenzeitlich mit einer Flaschenabfüllfirma unterhalten …

Jürgen Sprenzinger
Dorfstraße 3
86441 Zusmarshausen

Kraftfahrt-Bundesamt
Förderstraße 16

24944 Flensburg

Zusmarshausen, 7. März 2010

Sehr geehrte Damen und Herren,

wie Sie von beiliegendem Foto entnehmen können, besitze ich ein lila Milka-Haus
und werde von der Firma Milka deswegen natürlich auch wirtschaftlich unterstützt
(regelmäßige Zusendungen von Schokolade aller Art, Konfekt, Milka-Herzen und
auch Werbematerial). Meine Familie und ich sind im Lauf der Zeit milkasüchtig
geworden, woran die Firma Milka allerdings nicht unschuldig ist und ich vermute,
dass diese Zuwendungen aus Gewissensgründen seitens der Firma stattfinden.

Jetzt hab ich aber ein Problem. Wenn ich schon ein Milka-Haus besitze, so brauche
ich, um den Stil zu wahren, auch ein Milka-Auto. Natürlich ist es nicht damit
getan, ein Auto einfach in der Farbe Lila zu lackieren, sondern sollte stilecht sein.

Auf Anfrage bei Milka bezüglich einer lila Kuh mit der Bitte um Übermittlung
einer selbigen stieß ich bedingt durch meine Idee auf reges Interesse und schließlich auf Zustimmung. Die Kuh wird voraussichtlich bis Ende März geliefert.

Ich hatte die Idee, diese Kuh zu einem Auto umzubauen, das heißt, die Kuh wird
motorisiert (70 PS-Motor inkl. Getriebe), dazu kommt natürlich ein vernünftiges
Fahrwerk mit Stoßdämpfern und Allradantrieb, denn schließlich sollte ein Kuh-Auto
geländetauglich sein. Echte Kühe sind dies ja auch. In den Kopf der Kuh wird eine
kleine Windschutzscheibe eingesetzt, sie erhält zudem zwei lila lackierte Rückspie-
gel, den Auspuff baue ich in das After der Kuh ein, um den anatomischen Gegebenheiten der Kuh Genüge zu tun, und ich denke, dass dies bei einem Quickstart an der
Ampel einen originellen Effekt ergibt, da es sehr natürlich wirkt.

Bevor ich aber mit dem Bau des Wagens beginne, wollte ich als ordentlicher Bürger zunächst nur einmal höflich anfragen, welche technischen Voraussetzungen diese Kuh benötigt, um als Auto anerkannt zu werden, das heißt, um verkehrstauglich zu sein. Da mir diese Frage hier niemand beantworten kann, bitte ich Sie um einen kurzen Bescheid und danke Ihnen im Vorhinein für Ihre Mühe.

Mit freundlichen Grüßen

Kraftfahrt-Bundesamt

Kraftfahrt-Bundesamt • 24932 Flensburg

Herrn
Jürgen Sprenzinger
Dorfstraße 3
86441 Zusmarshausen

Ihr Zeichen / Ihre Nachricht vom:
s. Bezug
Bei Antwort bitte angeben:
ST1-152
Ansprechpartner(in):
Stephan Immen
Telefon: 0461 316-1293
Telefax: 0461 316-2907
E-Mail:
Stephan.Immen@kba.de

Datum: 19.03.2010

Auskunft aus dem Kraftfahrt-Bundesamt
- **Technische Voraussetzungen zur „In-Verkehr-Bringung einer Kuh als Kraftfahrzeug"**

Ihre Anfrage vom 07.03.2010 (Eingang im KBA am 10.03.2010)

Sehr geehrter Herr Sprenzinger,

ich danke Ihnen für Ihre doch etwas ungewöhnliche Anfrage. Beinahe war ich versucht anzunehmen, dass Sie der Autor des Buches „Sehr geehrter Herr Maggi" seien. Passen Ihre kuriose, dafür nicht minder reizvolle Idee und Ihr Name zu der genannten Veröffentlichung.

Sie erkundigen sich nach den Voraussetzungen, die die Nachbildung einer Kuh eines bekannten Süßwarenherstellers erfüllen muss, um als Kraftfahrzeug zum Straßenverkehr zugelassen zu werden. Für Fahrzeuge, die sich noch nicht im Verkehr befinden, gilt § 13 der EG-Fahrzeuggenehmigungsverordnung (EG-FGV). Nach dieser Vorschrift sind alle Einzelvorschriften der EG-Richtlinie 2007/46 einzuhalten. Da Sie jedoch nicht beabsichtigen, die Kuh in Serie als Pkw zu produzieren – also quasi eine motorisierte Kuhherde – käme sowohl in diesem Einzelfall als auch in den Fällen, in denen eine solche Kuh-Nachbildung bereits am Straßenverkehrverkehr teilnimmt, in letzterem Fall jedoch nur dann, wenn eine technische Veränderung an der Kuh vorgenommen werden soll, eine Betriebserlaubnis für Einzelfahrzeuge nach § 21 Straßenverkehrs-Zulassungs-Ordnung als nationale Rechtsvorschrift in Betracht. Zuständig für diese Genehmigungen sind die Technischen Dienste vor Ort. Das Kraftfahrt-Bundesamt ist zuständig, wenn es um EG-Typgenehmigungen geht. Bitte wenden Sie sich daher an einen Technischen Dienst vor Ort, der Ihnen in dieser Angelegenheit mit Sicherheit weiterhelfen wird.

Ich hoffe, dass diese Antwort für Ihre Zwecke dienlich ist und verbleibe

mit freundlichen Grüßen

im Auftrag

Stephan Immen

Dienstsitz:
Förderstraße 16
24944 Flensburg

Öffnungszeiten:
Mo. - Fr.   9:00 - 15:00 Uhr

Telefon:
0461 316-0

E-Mail: kba@kba.de

Telefax:
0461 316-1650
0461 316-1495

Internet: www.kba.de

Konto:
Deutsche Bundesbank, Filiale Kiel
BLZ: 210 000 00, Kto.-Nr. 21001030
IBAN: DE42 2100 0000 0021 0010 30
BIC: MARKDEF1210

Anfrage_Sprenzinger-r.doc/19.03.2010/st

Jürgen Sprenzinger
Dorfstraße 3
86441 Steinekirch

Bayerisches Staatsministerium für
Ernährung, Landwirtschaft und Forsten
Ludwigstraße 2

80539 München

Steinekirch, 7. März 2010

Sehr geehrte Damen und Herren,

leider muss ich Ihnen mitteilen, dass ich mich mit meinem Freund Bertold gewaltig
in die Haare gekriegt hab. Wir haben sogar gerauft, was wir sonst eigentlich fast
garnie nie nicht tun.

Der Grund ist eigentlich ganz einfach, wenn man es genau nimmt. Weil wir nämlich gestritten haben. Und zwar deswegen, weil sich der Bertold in der Schwarz-
bräustube einen Schweinsbraten bestellt hat und eine Mass Bier dazu. Ich hab nur
einen kleinen Salat gegessen und dazu einen Tee getrunken, weil ich nämlich ein
Vegatarier bin.

Während wir so beim Essen gesessen sind oder saßen, haben wir uns unterhalten
und im Verlaufe des Redens hat mich der Bertold einen Ochsen geheißen, weil ich
nur einen Salat oder wie er immer sagt, Grünfutter, gegessen habe. Und er hat
gemeint, aus mir würde so ja nie ein richtiger Mann, wenn ich nur immer Gemüse
und Grünzeug essen täte.

Weil der Bertold immer der Stärkere ist, hab ich zuerst mein Maul gehalten, weil
ich schon weiß, dass der Bertold immer leicht agresif wird, wenn er eine Mass
intus hat.

Aber was dann gekommen ist, hat dem Fass den Boden hinausgehauen. Er hat
nämlich gesagt, dass ich genau genommen eigentlich ein Sadist bin, weil ein Salat,

so wie er auf meinem Teller liegt, noch leben täte, während sein Schweinebraten bereits tot sei, da er ja gebraten ist.

Weiters hat er behauptet, dass der Salat sogar Schmerzen dabei hätte, wenn er aufgegessen wird. Ich hab natürlich gelacht und ihn einen Depp geheißen.

Auf einmal langt der über den Tisch rüber und verpasst mir eine, dass mir gleich der Salat wieder rausgekommen ist. Darauf hin war ich natürlich beleidigt und habe das Lokal fluchtartig verlassen, mir aber geschworen, ich werd an höchster Stelle nachfragen, ob sich das tatsächlich so verhält, dass ein Salat Schmerzen hat, wenn man auf ihn beißt und ihn verzehrt.

Ich bin ein sehr friedliebender Typ und erschlage nicht mal eine Fliege, weil ich jede Kreatur ehre. Bei Fliegen hat das Erschlagen eh keinen Wert nicht, weil dann sofort hundert andere zur Beerdigung kommen. Das ist eine alte Bauernweisheit. Und sollte sich herausstellen, dass ein Kopfsalat noch eine Spur Leben in sich hat und leidet, wenn er auf den Teller kommt, und wenn das auch bei dem andern Gemüse so ist, dann steig ich um und esse lieber zukünftig einen Schweinsbraten und schwöre dem Vegatarismus ab.

Vielleicht sind Sie so nett und klären mich über selbigen Sachverhalt auf. Das wär sehr nett von Ihnen. Und entschuldigen Sie, wenn ich Sie belästigt hab.

Mit freundlichen Grüßen

Nachtrag

Die Frage, ob Kopfsalat oder Gemüse immer noch leben, wenn sie auf den Tisch kommen, bleibt nach wie vor offen – auch ob sie beim Verzehren noch Schmerzen empfinden. Nachdem mir das Bayerische Staatsministerium für Ernährung, Landwirtschaft und Forsten keine Antwort erteilt hat, hoffe ich auf ein paar kompetente Leser, die diese Frage beantworten können. Nur Mut!

Jürgen Sprenzinger
Dorfstraße 3
86441 Steinekirch

An das
Standesamt Augsburg
Maximilianstraße 69

86150 Augsburg

Steinekirch, 7. März 2010

Sehr geehrte Damen und Herren,

mein Fall ist sehr heikel. Ich habe bereits Familienministerin Kristina Köhler ange-
schrieben, das Familienministerium hat mich an das Bundesinnenministerium verwiesen und das Bundesinnenministerium nun an Sie.

Und zwar geht es um folgende Angelegenheit: Meine Lebensgefährtin ist schwanger und erwartet Zwillinge. Zwillinge habe ich nie beabsichtigt, aber anscheinend
bin ich ab und zu noch ganz gut drauf. Leider kann ich es nicht mehr rückgängig
machen, schon auch deshalb, weil ich jetzt 60 bin und nun noch zwei Kinder groß-
ziehen muss. Das verpflichtet mich dazu, mindestens 80 zu werden, was ich unter
der aktuellen weltpolitischen Lage und dem total aus den Fugen geratenen
Deutschland so eigentlich nie geplant habe.

Meine Lebensgefährtin und ich sind eingefleischte Computerfans und besitzen vier
Computer (zwei im Schlafzimmer, einen in der Küche und einen wasserdichten im
Bad). Deshalb stand die Überlegung im Raum, den Kindern Vornamen zu geben,
die computerbezogen sind. Da die Zwillinge männlichen Geschlechts sind bzw.
werden, haben wir uns dazu entschlossen, die beiden Bit und Byte zu nennen.
(Wären es Mädchen geworden, so wären Matrixia und Disketta in der engeren Wahl
gestanden)

Wie auch immer: Wir wollten lediglich wissen, ob dies statthaft wäre, denn leider
konnten uns weder das Familienministerium noch das Bundesinnenministerium

darüber Auskunft geben, und wir wurden an Sie als letzte Instanz verwiesen, wobei wir hoffen, dass wir gemeinsam eine Entscheidung herbeiführen können, noch bevor die Kinder das Licht der Welt erblickt haben.

Sollte diese Namensgebung nicht möglich sein, so wäre eine annehmbare Alternative für die beiden Buben vielleicht auch Eukalyptus und Ricola, da meine Lebensgefährtin und ich sehr hustenanfällig sind.

Für eine kompetente Auskunft wären wir Ihnen sehr dankbar.

Mit freundlichen Grüßen

Jürgen Sprenzinger

Stadt Augsburg

Standesamt Augsburg
340

Stadt Augsburg, Postfach 111960, 86044 Augsburg	
	Dienstgebäude: Maximilianstr. 69, 86150 Augsburg
Herrn	Zimmer: 13
Jürgen Sprenzinger	Sachbearbeiter(in):
Dorfstr. 3	Telefon: (0821) 324 - 3852
86441 Steinekirch	e-mail: standesamt.@augsburg.de
	Telefax: (0821) 324 - 3853
	Ihre Zeichen:
	Unsere Zeichen: 340/kr/ke
	Datum: 10.03.2010

Unsere Zeichen und Datum bei Antwort bitte angeben
Bitte beachten: e-mails haben keine Rechtsverbindlichkeit
Hinweise zur E-Mail-Nutzung unter www.augsburg.de

Sehr geehrter Herr Sprenzinger,

vielen Dank für Ihr Schreiben vom 07.03.2010, das Sie sicher nicht ernst gemeint haben.

Für die Zukunft wünschen wir Ihnen alles Gute, erst recht für den Fall, dass Sie und Ihre Partnerin tatsächlich Nachwuchs erwarten. Dann empfehlen wir Baldrian, und zwar nicht bei der Vornamenswahl, sondern für Sie, Sie werden bei den Zwillingen gute Nerven brauchen!

Mit freundlichen Grüßen

Krömer
Amtsleiter

Telefonvermittlung: (0821) 324-0
Internet: www.augsburg.de
e-mail: stadt@augsburg.de

Sprechzeiten:
Mo-Do 08.30 – 12.30
Do   14.00 – 17.30
Fr   08.00 – 12.00

Alle Linien
Haltestelle Königsplatz

Bankverbindungen:
Stadtsparkasse Augsburg
040 006 (BLZ 720 500 00)
Postbank München
7514-800 (BLZ 700 100 80)

Jürgen Sprenzinger
Dorfstraße 3
86441 Steinekirch

An das
Bundesamt für Seeschifffahrt
Postfach 30 12 20

20305 Hamburg

Steinekirch, 10. März 2010

Sehr geehrte Damen und Herren,

ich hab da ein Problem, nämlich weil mein elfjähriger Sohn unbedingt eine Schatzkarte haben will. Er hat vor ein paar Wochen das Buch „Die Schatzinsel" gelesen,
und seitdem spinnt er komplett. Er träumt davon, dass er irgendwann einen Schatz
findet, und will dazu nun unbedingt Seeräuber werden. Ich weiß mit dem Bub nicht
mehr ein noch aus.

Ich hab ihm tausendmal gesagt, dass Seeräuberei verboten ist und man da ins
Gefängnis kommt, weil schließlich will man das Kind ja anständig erziehen. Aber
er ist da stur, ihm ist es wurscht, ob er dadurch ins Gefängnis kommt, er will unbedingt Pirat werden, hat sich zwischenzeitlich bereits mit einem Kostüm ausgestattet
und rennt den ganzen Tag darin herum. Dazu hat er sich einen schwarzen Bart ins
Gesicht gepappt und läuft ständig mit einer Rumflasche herum. Manchmal besäuft
er sich. Zur Rede gestellt behauptet er, als Pirat muss man trinkfest sein und ich
soll mich wegen so einer Buddel Rum nicht künstlich aufregen.

Jetzt hätte ich da eine Frage: Kann man über Sie eine Schatzkarte beziehen, mit der
man auch fündig wird? Ich denk, Sie müssten sowas im Archiv haben. Vermutlich
sind solche Schatzkarten relativ teuer, aber mir täte es auch eine gute gebrauchte.
Damit endlich Ruhe ist. Ich bin zwischenzeitlich so genervt, dass ich mir geschworen hab, ihm eine Schatzkarte zu besorgen, egal woher. Und das dürfen Sie mir

194

glauben: Sobald der volljährig ist, jag ich ihn aus dem Haus und dann soll er seinen Seeräuberwahn ausleben, wo er will. Von mir aus kann er auch mit seinem Piraten- schiff untergehen, es ist mir wurscht.

Vielleicht können Sie mir einen Rat geben, was man in einem solchen Fall als Vater tun kann, schließlich fühle ich mich ja noch für ihn verantwortlich.

Für Ihre Hilfe besten Dank im Vorhinein.

Mit freundlichen Grüßen

Nachtrag

Keine Antwort ist auch eine Antwort – ein altes Sprichwort. Und so bleibt anzunehmen, dass das Bundesamt für Seeschifffahrt keine Schatzkarten auf Lager hat. Ist aber zwischenzeitlich auch egal, denn mein Sohn hat seine Meinung geändert. Er will jetzt nicht mehr Pirat, sondern nur noch ein einfacher Bankräuber werden. Auch recht!

Jürgen Sprenzinger
Dorfstraße 3
86441 Steinekirch

Bundesamt für
Bevölkerungsschutz und Katastrophenhilfe
Provinzialstraße 93

53127 Bonn

Steinekirch, 10. März 2010

Sehr geehrte Damen und Herren,

ich weiß nicht, ob ich bei Ihnen richtig bin, aber meine Frau hat gesagt, ich könnte es ja mal probieren. Ich hab ihr gesagt, dass Sie warscheinlich gar nicht zuständig dafür sind, aber meine Frau ist stur wie ein Maulesel und glaubt mir natürlich nichts.

Ich bin seit dem Jahre 2005 arbeitslos und mein Leben ist öd und leer. Bislang habe ich fast 300 Bewerbungen geschrieben, aber alle sind abgelehnt worden. Mich mag keiner, sogar mein Hund schaut mich schräg an, meine Frau spricht nur noch das Notwendigste mit mir oder gibt mir Befehle. Vorige Woche ist mein Auto kaputtgegangen, vor zwei Tagen die Waschmaschine, und heute haben sie uns den Strom gesperrt. Ich sag Ihnen, es ist eine Katastrofe. Und deswegen schreib ich Ihnen und erbitte Ihren Rat, was man in so einer Situation tun kann.

Sollten Sie nicht für mich zuständig sein, vielleicht können Sie mich weitervermitteln oder eine Spendenaktion starten. Dafür wär ich Ihnen sehr dankbar und täte mich auch für Sie einsetzen, nach dem Handwaschprinzip. Eine Hand wäscht die andere.

Mit freundlichen Grüßen

Nachtrag

Keine Antwort! Es ist einfach nur eine Katastophe mit der Katastrophenhilfe.
Vielleicht ist meine persönliche Katastrophe gar nicht so katastrophal, wie ich annehme.
Viel Hoffnung habe ich ja nicht, aber vielleicht findet sich ein barmherziger Banker, der meine Sorgen ernst nimmt …

Jürgen Sprenzinger
Dorfstraße 3
86441 Steinekirch

Bundesministerium der Verteidigung
Stauffenbergstr. 18

10785 Berlin

Steinekirch, 7. März 2010

Sehr geehrte Damen und Herren,

ich bin voriges Jahr 60 geworden, aber immer noch fit wie ein Turnschuh. Bisher
hatte ich keine körperlichen und seelischen Ausfallerscheinungen – bis auf die
Haare. Ich bin Glatzenträger.

Da ich leider nie in der Bundeswehr gedient habe, fühle ich mich um einen Lebens-
abschnitt betrogen. Der damals zuständige Arzt bei der Musterung hat mich unter
fadenscheinigsten Gründen einfach abserviert und sich zu der Bemerkung hin-
reißen lassen, „dass man mit meinem Körper keinen Krieg gewinnen könne", und
stufte mich als „Ersatzreserve II" ein. Für mich war das damals ein Schlag ins
Gesicht, ich war schwer beleidigt, fühlte mich nicht mehr als ordentlicher Bürger
der Gesellschaft, sondern sozusagen als 2. Garnitur und hatte darauf hin fast drei
Jahre lang die schwersten Minderwertigkeitskomplexe – auch Frauen gegenüber,
was meinem Liebesleben sehr abträglich war, wie Sie sich leicht vorstellen können.
Auslöser war laut Aussage meines damaligen Psychiaters nur das ablehnende Verhalten der Bundeswehr.

Da ich nun 60 bin und relativ viel Zeit habe, versuche ich es noch einmal und
mache Ihnen den Vorschlag, mich nun endlich meinen Wehrdienst nachholen zu
lassen. Ich wollte damals gerne entweder zur Luftwaffe oder aber zur Panzer-
einheit, da ich technisch sehr interessiert bin. (Ich habe als kleiner Junge mit

meinem Märklin-Metallbaukasten schon ganz irre Sachen gebaut, und mit Flugzeugen und Panzern gespielt! Da war ich so ungefähr vier/fünf Jahre alt).

Ich würde gerne auch einen Einsatz in Afghanistan mitmachen oder zur KFOR-Truppe in den Kosovo gehen. Ich meine, ich muss ja nicht mehr in einem Schützengraben liegen auf meine alten Tage, aber ich könnte durchaus mithelfen, den Frieden zu sichern, und wäre mit Feuereifer dabei, das darf ich Ihnen versichern. Ich bin sehr energisch und würde diesen Afghanen schon das Passende erzählen, wenn sie aufmüpfig werden sollten.

Bitte teilen Sie mir mit, wann und wo ich mich zum Dienstantritt melden darf, ich stehe bereit und würde mich über eine positive Antwort wahnsinnig freuen. Vielleicht können Sie auch ein gutes Wort bei Verteidigungsminister Freiherr von und zu Guttenberg einlegen. Der macht einen netten Eindruck, ist jung und dynamisch. Er wird mich verstehen.

Mit freundlichen Grüßen

**InfoService
Bürgerfragen**

Bundeswehr

Informations- und Medienzentrale

Streitkräfteamt * Informations- und Medienzentrale * InfoService * 53757 Sankt Augustin

Herrn
Jürgen Sprenzinger
Dorfstrasse 3
86441 Steinekirch

Hausanschrift:	Alte Heerstrasse 90
	53757 Sankt Augustin
Postanschrift:	53757 Sankt Augustin
Bearbeiter:	Hptm Kück
Tel.:	02 241 15 3423
Fax:	02 241 15 2960
eMail:	bwbuergerfragen@bundeswehr.org

BETREFF Ihr Schreiben vom 07.03.2010
DATUM 20. April 2010

Sehr geehrter Sprenzinger,

vielen Dank für Ihr Schreiben mit Ihrem Angebot sich für einen Dienst in der Bundeswehr zur Verfügung zu stellen.

Bitte sehen Sie es mir nach, dass wir erst jetzt auf Ihr Schreiben reagieren können. Bei der Fülle von Anfragen der letzten Wochen können Sie sich bestimmt vorstellen, dass wegen der aktuellen Ereignisse die Bearbeitung von mehreren hundert Eingaben und Anfragen ihre Zeit braucht.

Um so mehr gebe ich Ihnen jetzt gerne Antwort.

Ihr Angebot freut mich sehr und Ihre selbstlose Bereitschaft berührt mich auch.

Leider muss ich Ihnen aber mitteilen, dass die Gesetzes- und Bestimmungslage Ihre Einstellung oder Verwendung als Soldat aus Altersgründen nicht zulässt. Für eine Einstellung als Soldat auf Zeit dürften Sie nicht älter als 32 Jahre sein, eine Einberufung als Wehrpflichtiger käme schon jenseits eines Lebensalters von 23 Jahren nicht mehr in Betracht. Berufssoldaten beispielsweise in der Dienstgradgruppe der Feldwebel gehen sogar mit 54 Jahren in den Ruhestand.

Da der Gesetzgeber keine Ausnahmen zulässt, kann Ihrem Wunsch leider nicht entsprochen werden.

Sollten Sie aber einen Weg suchen den Soldaten der Bundeswehr auf einem anderen, durch Sie aber sehr gut machbaren Weg behilflich zu sein und deren Einsatz zu unterstützen, habe ich vielleicht eine Idee für Sie.

Derzeit beteiligen sich ca. 7000 deutsche Soldaten an verschiedenen Einsätzen im Ausland. Richten Sie doch Ihre aufmunternden Worte an unsere Kameraden, werben Sie im Freundes- und Bekanntenkreis für meine Kameraden und deren Dienst für unsere Sicherheit.
Dies ist eine geeignete Geste, um unseren Soldaten zu danken und um Anerkennung, Bestätigung, Rückhalt zum Ausdruck zu bringen

Ich möchte Ihnen noch zwei weitere Möglichkeiten für die Bekundung Ihrer Solidarität aufzuzeigen. Sie können über das Radio Andernach Grüße an unsere Soldaten ausrichten lassen. Weitere Informationen darüber können Sie im Internet dem folgenden Link entnehmen:
http://www.radio-andernach.bundeswehr.de/portal/a/rander

Darüber hinaus empfehle ich Ihnen, sich unmittelbar an die Familienbetreuungszentren zu wenden. Diese kümmern sich vor, während und nach den Einsätzen um die Familien der Soldaten im Einsatz und betreuen sowohl die Soldaten als auch deren Angehörigen. Unter Umständen besteht dort eine Möglichkeit, sich für unsere Soldaten zu engagieren.
Die Kontaktdaten der einzelnen Familienbetreuungszentren können Sie dem Internet- Link entnehmen:
http://www.einsatz.bundeswehr.de/portal/a/einsatzbw/kcxml/04_Sj9SPykssy0xPLMn Mz0vM0Y_QjzKLN_SJdw02BMIB2EGu-pFw0aCUVH1vfV-P_NxU_QD9gtyIckdHRUUA6z3abA!!/delta/base64xml/L3dJdyEvd0ZNQUFzQUMvN EIVRS82XzFMX0VTSg!!

Und hier ist genau die Stelle für eine Kontaktaufnahme bezüglich Aktionen zur Begrüßung der "Heimkehrer".

Solidarität können Sie aber auch beweisen, in dem Sie sich aktiv mit dem Afghanistan-Einsatz (zivil <u>und</u> militärisch) auseinandersetzen, sich informieren und mithelfen in Ihrem Umfeld und mittels Ihres Engagements Unwissen, Desinformation und unredlicher Instrumentalisierung entgegenzutreten

Des weiteren würde uns allen helfen, wenn Sie, Herr Sprenzinger, Ihre Solidarität und Ihr Mitgefühl noch mehr auf die apolitischen und desinteressierten Teile unserer Bevölkerung übertragen könnten, die sich Ihrer staatsbürgerlichen Pflichten und sich der daraus erwachsenden Verantwortung so recht nicht bewusst sind und die bisher nicht wahrgenommen haben, dass die zivilen und militärischen Kräfte im Einsatz auch für sie, ihre Sicherheit und Zukunft dort Gesundheit und Leben einsetzen.

Beobachten Sie mit Ihrem Sachverstand die Entwicklung genau und begleiten Sie uns bitte weiter mit Ihrer Kritik, Ihren Vorschlägen und vielleicht auch mit Ihrem Zuspruch - darüber würde ich mich sehr freuen.

Und bewahren Sie uns Ihre werte Unterstützung, die wir gerade jetzt von möglichst vielen Mitgliedern unserer Gesellschaft so dringend brauchen.

Ich hoffe Ihnen hinreichend geantwortet zu haben und stehe Ihnen gerne für weitere Fragen zur Verfügung.

Mit freundlichen Grüßen
Im Auftrag

Hans Kück
Hauptmann

Jürgen Sprenzinger
Dorfstraße 3
86441 Steinekirch

An das
Bundeskartellamt
Kaiser-Friedrich-Str. 16

53113 Bonn

Steinekirch, 10. März 2010

Sehr geehrte Damen und Herren,

hiermit teile ich Ihnen folgenden Sachverhalt mit und bitte um Einschreitung Ihrer Institution.

Folgender schwerer Sachverhalt stellt sich dar: Meine Lebensgefährtin hat erst vor kurzem eine Gebäudereinigungsfirma eröffnet, die sehr gut angelaufen ist.

Neben uns wohnen zwei Nachbarinnen, die nun beide, nachdem sie erfahren haben, was meine Lebensgefährtin macht, auch jeweils zunächst eine Gebäudereinigungsfirma gegründet haben und nun – wie wir aus geheimen Quellen erfahren haben – den Beschluss gefasst haben, zu fusionieren, Kunden abspenstig zu machen und dazu überhöhte Preise zu fordern. Beide Nachbarinnen betreiben also eindeutig Preisabsprachen, die so nicht zulässig sein dürften.

Beide Nachbarinnen missbrauchen damit ihre Machtstellung, die sie in unserem Dorf besitzen. Bei der einen Dame handelt es sich um die Frau des Mesners, bei der anderen um die Frau des Vorsitzenden vom Schützenverein. Beide „Damen" sind als bösartig und hintervotzig bekannt und sollten schon längst an den Pranger gestellt werden. Leider wurde der Pranger schon nach Beendigung des Mittelalters abgeschafft, was ich persönlich sehr bedauere. Beide Damen haben sich zusammengeschlossen mit dem eindeutigen Motiv, im Wettbewerb mächtiger zu werden, um eine höhere Durchsetzungskraft – besser Zerstörungskraft – zu erlangen.

Diesem Umstand sollte Ihr Einschreiten unverzüglich ein Ende bereiten. Bitte teilen Sie mir baldmöglichst mit, wie wir gemeinsam gegen diese Kartellbildung vorgehen können, da uns ein Hinauszögern der Angelegenheit enorme wirtschaftliche Nachteile erbringt.

Für Ihre Mühe danke ich Ihnen im voraus.

Mit freundlichen Grüßen

Nachtrag

Die Sache war denen vermutlich zu klein und ich vermute, dass mein Schreiben im Papierkorb gelandet ist. Ich habe die Sache zwischenzeitlich persönlich bei Kaffee und Kuchen geregelt.

Jürgen Sprenzinger
Dorfstraße 3
86441 Steinekirch

Bundesanstalt für Gewässerkunde
Am Mainzer Tor 1

56068 Koblenz

Steinekirch, 18. März 2010

Anfrage

Sehr geehrte Damen und Herren,

vor meinem Haus fließt ein Bach (etwa 1,5 m breit und etwa 0,5 m tief). Da dieser
Bach eine relativ starke Strömung hat, hat meine Frau die Idee gehabt, ein kleines
Wasserkraftwerk zu errichten, um die momendan recht hohen Stromkosten zu sen-
ken.
Das Wasserkraftwerk soll aus einem mit am Bachrand einbetonierten Schaufelrad-
haltern inklusive Schaufelrad und einer damit betriebenen Mini-Turbine bestehen.
Geplant ist eine Stromausbeute von etwa 4000 im Jahr, was für mich und meine
Frau locker reicht, weil wir duschen nur einmal in der Woche und gewaschen wird
auch nur alle drei Wochen. Zudem haben wir überall Sparlampen drin und entnehmen den Strom nur, wenn wir ihn unbedingt brauchen.

Meine Frage wäre jetzt: Brauche ich da von Ihnen eine Genehmigung, da ich ja
Wasserkraft benutze. Falls Sie da nicht zuständig sind, an wen kann ich mich ver-
trauensvoll wenden? Ich will ja nicht einfach ein Wasserkraftwerk hinstellen und
dann wieder abreißen müssen, nur weil einer was dagegen hat. Schließlich ist der
Bau eines Wasserkraftwerks eine Sauarbeit, obwohl mir der Franz (ein ganz super
Nachbar und ein toller Kumpel, sag ich Ihnen!) dabei hilft, weil er sich mit dem
Elektrischen unwahrscheinlich gut auskennt, obwohl er eigentlich Schreiner ist.
Der baut Sachen, das glaubt man nicht. Neulich hat er meiner Frau sogar den
Staubsauger repariert und mir die elektrische Zahnbürste. Seitdem bürstelt die

wieder viel besser und haut den Belag von den Zähnen, dass es eine wahre Pracht ist, und auch meine Frau saugt wieder wie in alten Zeiten.

Das wollte ich eigentlich gar nicht schreiben, das ist mir nur so herausgerutscht. Aber egal, wie auch immer: Vielleicht können Sie mir ja einen Rat geben, wie man das anfängt mit so einem Wasserkraftwerk und was es dabei zu beachten gibt, weil ich will ja keinen Ärger mit irgend jemanden.

Vielen Dank im vorhinein.

Mit freundlichen Grüßen

Nachtrag

Da ich bis heute keine Antwort erhalten habe, nehme ich an, die Angelegenheit ist nicht der Rede wert und somit genehmigt. Der Baubeginn selbiger Anlage ist demnach also auf Frühjahr 2011 festgelegt. Die Baumaßnahmen werden aller Voraussicht Ende 2012 beendet sein und dann gehe ich ans Stromnetz! Eventuelle Interessenten für Billigstrom sollten sich bei mir melden!

Jürgen Sprenzinger
Dorfstraße 3
86441 Steinekirch

Bundesamt für Verfassungsschutz
Merianstraße 100

50765 Köln

Steinekirch, 19. März 2010

Bitte um Hilfestellung

Sehr geehrte Damen und Herren,

der Sohn von meinem Nachbarn ist ein militanter Punker. Ich vermute sogar, dass er ein Linksradikaler, Rechtsradikaler oder sogar ein Neonazi ist. Außerdem läuft er ständig mit einem Jagdmesser herum und hat zudem auch eine Steinschleuder. Und der pöbelt mich ständig an, wenn er mich auf der Straße irgendwo sieht, obwohl ich ihm überhaupt nichts getan hab und immer freundlich zu ihm war, auch wenn es mir immer schwergefallen ist. Ich hab mir da überhaupt nichts anmerken lassen.

Aber neulich hat es mir den Boden aus dem Fass gehauen, als er zu mir gesagt hat, ich sein ein Ausländer. Ich bin aber gar kein Ausländer, sondern gebürtiger Augsburger und bin nur letztes Jahr nach Steinekirch gezogen, weil mir das Landleben wesentlich besser gefällt wie das Stadtleben.

Ich betrachte dieses sein Verhalten als Verstoß als gegen den Gleichheitsgrundsatz gerichtete Fremdenfeindlichkeit. Und wenn der glaubt, dass ich mich nicht wehre, dann hat er sich getäuscht, dieser schwarz lederbejackte Magermilchbubi. Und deshalb wende ich mich vertrauensvoll an Sie und schildere Ihnen den Vorfall, mit der gleichzeitigen Bitte, diesem nutzlosen, rassistischen Knaben mal anständig auf die Zehen zu treten, weil sein Verhalten nämlich massivst gegen die Verfassung verstösst. Ich als anständiger, ehrbarer Bürger bin den Attacken dieses minderwertigen

210

Objektes ständig ausgesetzt und traue mich kaum mehr auf die Straße, weil er mich immer an irgend einer Ecke auflauert, dieser blöde Heini.

Eine Vorsprache bei seinem Vater habe ich auch schon gemacht, aber der ist genauso blöd wie sein Sohn und zudem ein alter Nazi. Man sieht das schon an seinem Haarschnitt und an seiner Kopfform (kurzgeschorener Quadratschädel und einen Ohrring am linken Ohr!) Das sagt meiner Ansicht nach schon alles.

Bitte teilen Sie mir mit, wie Sie gegen diesen Staatsfeind vorgehen wollen. Sie können mit meiner Unterstützung jederzeit rechnen, da ich ja der unmittelbar Betroffene bin.

Vielen Dank im vorhinein.

Mit freundlichen Grüßen

Bundesamt für Verfassungsschutz

POSTANSCHRIFT Bundesamt für Verfassungsschutz, Postfach 10 05 53, 50445 Köln	

Herrn
Jürgen Sprenzinger
Dorfstrasse 3
86441 Steinekirch

HAUSANSCHRIFT Merianstr. 100, 50765 Köln
POSTANSCHRIFT Postfach 10 05 53, 50445 Köln
TEL +49 (0)221-792-02217920
    +49 (0)30-18-792-02217920 (IVBB)
FAX +49 (0)221-792-2915
    +49 (0)30-18-10-792-2915 (IVBB)
BEARBEITET VON Herrn Waldmann
E-MAIL poststelle@bfv.bund.de
INTERNET www.verfassungsschutz.de
DATUM Köln, 26. März 2010

BETREFF

BEZUG Ihr Schreiben vom 19. März 2010
AZ 1A6 035-S-520063-   /10

Sehr geehrter Herr Sprenzinger,

das Bundesamt für Verfassungsschutz kann Ihnen in Ihrem Anliegen mangels Zuständigkeit leider nicht behilflich sein, da Ihr Anliegen nicht in den gesetzlichen Auftrag des Verfassungsschutzes fällt.

Sie sollten sich mit Ihrem Anliegen an Ihre zuständige Polizeidienststelle wenden.

Mit freundlichen Grüßen

Im Auftrag

(Waldmann)

Jürgen Sprenzinger
Dorfstraße 3
86441 Zusmarshausen

Bund der Vertriebenen
Bundesgeschäftsstelle
Godesberger Allee 72-74

53175 Bonn

Steinekirch, 10.06.2010

Sehr geehrte Damen und Herrn!

Ich hab da ein Problem und deswegen schreib ich Ihnen.

Ich bin Hobbykoch und koche leidenschaftlich gern. Aber meine Frau will das nicht, weil sie immer glaubt, sie kocht viel besser als ich. Was aber überhaupt gar nicht stimmt.

Immer, sobald ich mit dem Kochen anfangen will und einen Topf aus dem Schrank hole, vertreibt sie mich sofort aus der Küche, was mich einerseits sehr ärgert, andererseits aber auch seelisch frustriert. Es handelt sich hier eindeutig um eine Vertreibung, die ich, wie Sie mir wahrscheinlich zustimmen werden, nicht weiter hinnehmen kann. Wenn das so weitergeht, dann siedelt die mich eines Tages noch aus!

Deswegen teile ich Ihnen dieses mit und bitte Sie flehentlich um Unterstützung. Vielleicht haben Sie da ja irgendwo in meine Nähe eine Beratungsstelle, die sich um mein Problem kümmern kann. Ich weiß momentan weder Ein noch Aus und bin wegen dieser Küchenvertreibung nervlich völlig fertig.

Ich hab nämlich auch den Verdacht, dass sie mich zukünftig auch aus dem Schlafzimmer vertreibt, weil sie am letzten Dienstag so eine komische Bemerkung gemacht hat, die mir zu denken gegeben hat. Sie hat gemeint, dass auch im Schlafzimmer nicht mehr gekocht wird. Nur deswegen, weil ich mal die Kaffeemaschine mit ins Schlafzimmer genommen und mir eine Tasse Kaffee gekocht hab! Ich find das ganz normal, wenn man im Schlafzimmer einen Kaffee kocht, aber meine Frau scheinbar nicht. Das ist der eindeutige Beweis, dass mit der Frau was nicht stimmt. Ich denke, Sie sind da einhellig meiner Meinung.

Ich bitte Sie um schnellsten Beistand.

Hochachtungsvoll

Nachtrag

Ich bin total unglücklich. Dem Bundesamt der Vertriebenen bin ich völlig egal. Ob fehlendem Antwortschreiben bin ich nun ins Klo gezogen, hab einen Stacheldrahtzaun vor der Klotür gezogen und koche fortan mein eigenes Süppchen!

Jürgen Sprenzinger
Dorfstraße 3
86441 Steinekirch

Universität Leipzig
Dekanat der Philosophischen Fakultät
Herrn Dr. Joachim Feldmann
Beethoven-Straße 15
04107 Leipzig

Steinekirch, 17. Juni 2010

Sehr geehrter Dr. Feldmann!

Ich bin der Jürgen Sprenzinger aus Bayern. Vermutlich kennen Sie mich überhaupt gar nicht, aber vielleicht lernen Sie mich noch kennen. Weil das nämlich jetzt so ist:

Ich fall jetzt gleich mit der Tür ins Haus oder besser gesagt, mit der Tür in die Universität.

Ich wollt Sie fragen, ob Sie mir nicht den Doktortitel verleihen könnten, weil jetzt nämlich die Zeit dafür reif ist. Ich wende mich deshalb vertrauensvoll an Sie, weil ich schon ziemlich viel Bücher in Leipzig verkauft hab.

Ich erklär Ihnen das, warum ich den Doktortitel verdient habe: Seit 15 Jahren schreibe ich blöde Bücher – also ich meine, eigentlich humoristische Bücher, welche die Leute zum Lachen bringen und so. Ich habe bereits über eine Million Leute zum Lachen gebracht, darunter ganz sicher auch einige Studenten Ihrer Universität und höchstwahrscheinlich auch viele Leipziger. Genau genommen bin ich eigentlich Bestsellerautor, aber das wollte ich eigentlich gar nicht schreiben, sonst glauben Sie vielleicht, ich bin ein Angeber und das wäre mir nicht recht.

Ich bin momentan gerade am 15. Buch (Titel: Sehr geehrtes Finanzamt – mein Geld brauch ich jetzt selber). Das können Sie bei Amazon nachlesen. Dieses Buch stelle ich Ihnen gern als Doktorarbeit anheim.

Lieber Dr. Feldmann, Sie würden mir mit der Verleihung des Doktortitels eine große Freude machen, weil so ein Titel meine Karriere echt krönen würde. Ich bin auch nicht anspruchsvoll, ein „Doktor h. c." oder Ähnliches würde mir schon genügen, weil wenn ich so einen Titel auf dem Klingelschild hätte, dann täten mir die Leute mit viel mehr Respekt entgegentreten.

Ich wäre Ihnen bis an mein Lebensende in tiefster Dankbarkeit verbunden, wenn das klappen täte.

Mit hochachtungsvollen freundlichen Grüßen

Nachtrag

Na gut. Keine Antwort. Dann hab ich eben keinen Doktortitel. Brauch ich auch nicht unbedingt, denn ich bin sicher, meine Leser mögen mich auch ohne. Zumindest aber eine Absage hätte ich doch als angebracht empfunden – aber diese Wissenschaftler sind ja oft so verhuscht …

Jürgen Sprenzinger
Dorfstraße 3
86441 Steinekirch

Bolsinger Immobilien GmbH
Wellenburger Straße 9

86199 Augsburg

Steinekirch, 2. März 2010

Sehr geehrte Damen und Herren,

vor einem Jahr habe ich beschlossen, ein asketisches, keusches und eremitenhaftes Leben zu führen. Demzufolge ist mir meine momentane Wohnung (48 qm) viel zu groß.

Ich suche eine Wohnung in der Größe einer Klosterzelle oder Ähnliches mit integriertem WC und Waschbecken. Da ich die Öffentlichkeit weitestgehend scheue, brauche ich auch keinen Balkon, sondern ein kleines Fenster in der Größe 40 auf 40 würde mir völlig genügen, da ich es nicht des Lichtes wegen, sondern nur für die kurzzeitige Belüftung des Raumes benötige. Ich lebe gerne im Dunkeln, da dies die Augen schont und ich in der Dunkelheit besser meditieren kann.

Nun meine Fragen an Sie: Was kostet mich das an Miete? Wie hoch ist die Kaution?

Was für mich außerdem noch wichtig wäre: Ich bin allergisch gegen fast alles (Katzen, Hunde, Staub) und wäre deshalb darauf angewiesen, dass sich die Wohnung in einer absolut keimfreien und ruhigen Umgebung befindet.

Falls Sie ein Objekt wie oben beschrieben im Angebot haben, bitte ich Sie um eine kurze Mitteilung zwecks Besichtigung.

Mit freundlichen Grüßen

BOLSINGER & LÜNENDONK
IMMOBILIEN
MÜNCHEN · AUGSBURG

Bolsinger & Lünendonk Immobilien · Lothstraße 20 · 80335 München

Herrn
Jürgen Sprenzinger
Dorfstr. 3

86441 Steinekirch

GMBH & CO. KG
Lothstraße 20
80335 München
Tel. 089/12022778
Fax 089/12022779
e-Mail: info@bl-web.de
www.bl-web.de

Sitz Augsburg
Amtsgericht Augsburg
HRA 13927

Büro Augsburg:
Wellenburger Straße
86199 Augsburg
Tel. 0821/9987987
Fax 0821/4544648
e-Mail: info@bl-web
www.bl-web.de

Augsburg, den 26.03.10

Sehr geehrter Herr Sprenzinger,

leider mussten Sie auf unser Angebot einige Tage warten, aber unser Bestreben ist es, für jeden Kunden das richtige Objekt zu finden. Nach ausgiebiger Recherche und langer Suche freut es mich nun sehr, Ihnen eine geeignete Wohnung anbieten zu dürfen.
Das Appartement hat wie gewünscht die Größe einer Klosterzelle (ich war extra deswegen im Kloster Andechs zum Ausmessen).
Die Miete beträgt 165,-€ + 40,-€ Nk. Die Kaution beträgt drei Monatskaltmieten.
Das Fenster (40cm x 40cm) ist an der Decke, so dass Sie keine Vorhänge benötigen und auch niemand hereinschauen kann, aber trotzdem eine gute Belüftung gewährleistet ist.
Das Beste ist aber, Sie können das Appartement überall mit hinnehmen, es ist nämlich mobil. So können Sie allen Hunden und Katzen aus dem Weg gehen.
Keimfrei bekommen sie die Wohnung, indem Sie Fenster und Türe schließen und mit Sagrotan reinigen.
Sie sehen, die kleine Wohnung entspricht zu 100% Ihren Wünschen. Beiliegend erhalten Sie ein ausführliches Expose mit Bild.

Für einen Besichtigungstermin können Sie mich gerne anrufen. Ich habe einen Schlüssel zu diesem Objekt, so dass ein Termin auch kurzfristig möglich ist.

Mit freundlichen Grüssen

Inge Bolsinger

persönlich haftende
Gesellschafterin:
Bolsinger & Lünendon
Verwaltungs-GmbH
Sitz Augsburg
Amtsgericht Augsbur
HRB 18496

Geschäftsführer:

W. Dieter Bolsinger
Mobil 0175/1557161

Marco Lünendonk
Mobil 0171/8165272

Bankverbindung:
Münchner Bank
Konto-Nr. 219150
BLZ 70190000

Kurzexposè

Gepflegtes Appartement in guter Lage

Anschrift: Wo immer Sie wollen

Eigentümer: Frau Dixi

Wohnfläche: ca. 8,5 m² + Garten

Bezug: sofort möglich

Miete: 165,-€ + 40,-€ Nebenkosten + ggf. Stellplatz

Kaution: 3 Monatskaltmieten

Maklercourtage: 2 Monatskaltmieten + MwSt

Die gesamte Wohnung wurde kürzlich renoviert und ist in neutralem weiß gehalten. Der Fußboden ist mit geriffeltem Weißblech ausgestattet.
Belüftet wird das Objekt durch ein 40 x 40 cm großes Oberlicht.
Die kleine, gemütliche Wohnung ist mobil und kann überall aufgestellt werden. Hervorzuheben ist der große Fäkalienbehälter der einen Anschluss an das örtliche Abwassernetz unnötig macht und Kosten spart.

Eine Besichtigung ist nach Voranmeldung über **Bolsinger & Lünendonk Immobilien** jederzeit möglich. Tel. 0821 / 9 987 987.
Die Angaben stammen vom Eigentümer und erfolgen ohne Gewähr. Bei Abschluss eines Mietvertrages bezahlt der Mieter eine Maklercourtage in Höhe von 2,38 Monatskaltmieten inkl. MwSt an die Firma Bolsinger & Lünendonk Immobilien GmbH & Co. KG.

Jürgen Sprenzinger
Dorfstraße 3
86441 Zusmarshausen

An das
Forstamt Zusmarshausen
Schloßplatz 8

86441 Zusmarshausen

Zusmarshausen, 22. Nov. 2010

Sehr geehrte Damen und Herren,

hiermit wende ich mich vertrauensvoll an Sie, weil ich weder aus noch ein weiß.
Somit teile ich Ihnen folgenden Tatbestand nebst Fakten mit:

Seit dem Jahre 2004 bin ich im Besitz eines Outdoor-Bonsais. Es handelt sich um
eine japanische Stechpalme (lat.: Ilex crenata). Dieser Bonsai ist bisher einwandfrei
gewachsen und gediehen und hat sich bei mir immer sehr wohl gefühlt.

Doch seit diesem Sommer ist das leider nicht mehr so, denn er hat seit ungefähr
August einen sehr starken Borkenkäferbefall. Diese Borkenkäfer treten ganz unge-
niert und sehr dreist auf, laufen sogar am helllichten Tag den Stamm herauf und
herunter. Nachts macht das einen riesigen Lärm, denn die Viecher geben ein pfei-
fendes Geräusch von sich. Meistens zwischen zwei und vier Uhr nachts, wenn man
eigentlich seine Ruhe haben will. Sie pfeifen im wahrsten Sinne des Wortes aus
dem letzten Loch, vermutlich verständigen sie sich auf diese Weise, vielleicht ist
das aber auch nur eine Begleiterscheinung ihres nächtlichen Fortpflanzungsaktes.

Nun benötige ich Ihren fachmännischen Rat. Was tut man in einem solchen Fall?
Erstens: Wie kann man dem Borkenkäfer den Garaus machen? Oder was kann
man zumindest gegen die nächtliche Pfeiferei dieser unangenehmen Insekten unternehmen?

Meine Lebensgefährtin hatte schon die Idee, den Bonsai auf die Mülldeponie zu werfen, aber ich bringe es einfach nicht übers Herz, denn ich habe diesen Bonsai von klein auf großgezogen. Er ist sozusagen mein Baby. Und welcher grausame Mensch schmeißt schon sein Baby weg? Ich käme mir wie ein Mörder vor und könnte das vor mir selbst nie verantworten. Diese japanische Stechpalme ist mir einfach ans Herz gewachsen.

Es wäre nett, wenn Sie mir so schnell wie möglich einen Rat geben könnten, weil ich nicht will, dass der Bonsai verreckt.

Ich bedanke mich bei Ihnen im vorhinein.

Mit freundlichen Grüßen

Nachtrag

Ich gebe es ja zu: Die Sache mit den Borkenkäfern im Bonsai war starker Tobak.
Nun gibt es zwei Möglichkeiten. Die erste: Das Forstamt Zusmarshausen hat dies
erkannt und gemerkt, dass es damit auf den Arm genommen wurde. Es könnte
nämlich durchaus auch sein, dass mein Name dort bekannt ist.
Die zweite Möglichkeit: Die kennen sich mit Borkenkäferbefall an Bonsais überhaupt nicht aus und rätseln heute noch daran, wie sie meinen schwierigen Fall
lösen können. Oder sie forschen noch nach, ob Borkenkäfer wirklich pfeifen.

Aber vielleicht kommt ja dieses Jahr noch eine Antwort. Ich verspreche Ihnen aber
hoch und heilig, dass selbige dann in einer neuen Buchauflage selbstverständlich
veröffentlicht wird!

Jürgen Sprenzinger
Dorfstraße 3
86441 Steinekirch

An das
Gesundheitsamt Augsburg
Hoher Weg 8

86152 Augsburg

Steinekirch, 17.11.10

Sehr geehrte Damen und Herren!

Ich schreib Ihnen, weil ich mich hiermit an eine kompetente Stelle wenden möchte.

Seit einiger Zeit ist mein Lungenvolumen etwas eingeschränkt, was ich besonders beim Sex, aber auch beim Joggen merke. Ich gebe zu, dass ich ab und zu auch mal rauche.

Ich hab mit meinem Kumpel Hans-Peter darüber gesprochen, und der hat mir empfohlen, dreimal wöchentlich saure Lunge mit Semmelknödel zu essen, weil sich da angeblich die Lungensubstanz wieder neu aufbauen würde, was ich aber bezweifle. Ich meine, der spinnt, und hab ihm das auch gesagt. Seitdem ist er sauer. Aber er ist eh so ein rechthaberischer Hund.

Mein Hausarzt hat dies bestätigt, doch so richtig kann ich das überhaupt gar nicht glauben, denn die saure Lunge wird im Magen ja verdaut, und die eigene Lunge hat da praktisch gar nichts davon.

Vielleicht können Sie mir ja diese Frage beantworten, weil Sie das Gesundheitsamt sind und sicherlich kompetente Fachleute haben.

Für Ihre Mühe besten Dank im vorherein.

Mit freundlichen Grüßen

Landratsamt Augsburg | Prinzregentenplatz 4 | 86150 Augsburg

Herrn
Jürgen Sprenzinger
Dorfstr. 3
86441 Steinekirch

Prinzregentenplatz 4
86150 Augsburg
Tel.: (0821) 3102–0
Fax (0821) 3102–2209
E-Mail: poststelle@lra-a.bayern.de
Internet: www.landkreis-augsburg.de

Aktenzeichen: SG 2.1/ba
Sachbearbeiter/in: Dr. med. Helmut Hübsch
Zimmer: 021a
Tel.: (0821) 3102-2100
Fax: (0821) 3102-2132
E-Mail: Helmut.Huebsch@lra-a.bayern.de

Ihr Schreiben vom:
Ihr Zeichen:

Datum: **13.12.2010**

Sehr geehrter Herr Sprenzinger,

Bezug nehmend auf Ihr Schreiben vom 17.11.2010, hier eingegangen am 03.12.2010 teile ich Ihnen folgendes mit. Dem Gesundheitsamt liegen keine Erkenntnisse vor, dass der Genuß von saurer Lunge mit Semmelknödel Lungensubstanz wieder aufbauen könnte. Möglicherweise verhält es sich mit ihrer Fragestellung ähnlich wie mit dem vermeintlichen Zusammenhang einer leberkonservierenden Wirkung durch hochprozentigen Alkohol. Ein uralter Ärztewitz lautet: Alkohol konserviert die Leber, sagt der Pathologe.

Mit freundlichen Grüßen

Dr. med. Hübsch
Amtsarzt

Jürgen Sprenzinger
Dorfstraße 3
86441 Steinekirch

Bund Deutscher Karneval e. V
Postfach 1111

67709 Waldfischbach

Steinekirch, 12. November 2010

Sehr geehrte Damen und Herren, Helau!

seit meiner Jugend bin ich immer schon lustig gewesen und hab Gaudi gemacht.
Bereits im Kindergarten hab ich mich in der Karnevalszeit als Clown verkleidet.

1996 schließlich wurde ich zufälligerweise Buchautor, weil ich ein lustiges Buch
geschrieben hab, das mehrere Leute gelesen und sich dabei vor Lachen in die
Hosen gepinkelt haben.

Leider muss ich heute aber feststellen, dass ich gar nicht mehr so lustig bin wie
früher. Ich vermute, dass das an den Wechseljahren liegt oder aber auch an der
Regierung, vor allem aber an Angela Merkel, Wolfgang Schäuble, Rainer Brüderle
und Kollegen. Vermutlich liegt es auch am starken Kostendruck, am Geldmangel,
an den Banken, an der sozialen Ungerechtigkeit und am Ärger darüber, dass die
Benzinpreise ständig steigen und das deutsche Volk sich verhält wie eine einge-
schüchterte Schafherde und anscheinend nicht in der Lage oder willens ist, sich
gegen all diese Machenschaften zu wehren.

Vielleicht können Sie mir ja als oberste Institution des Karnevals erklären, wie Sie
es schaffen, jedes Jahr vom 11. 11. bis genau zum Aschermittwoch lustig zu sein.
Bei mir funktioniert das einfach nicht. Ich hab's beispielsweise schon erlebt, dass
ich ausgerechnet am 8. Januar, eine Zeit, die bekanntlich mitten im Fasching liegt,
tieftraurig – um nicht zu sagen sogar hochgradig depressiv war. Andererseits hatte
ich aber am Aschermittwoch auch schon euphorische Glücksgefühle. Ich glaub
einfach, dass ich nicht normal bin.

Was machen Sie gegen Depressionen in der Faschingszeit? Ich meine, Sie sind ja auch nur Menschen, die Probleme mit sich herumschleppen. Nehmen Sie Glückshormone oder Stimmungsessenzen?

Für einen Tipp wäre ich Ihnen sehr dankbar, denn eigentlich wär ich am liebsten das ganze Jahr über lustig, doch so sehr ich mich auch bemühe, es klappt momentan nicht so richtig.

Mit freundlichen Grüßen

Nachtrag

Ich weiß nicht, was der Bund Deutscher Karneval gegen Depressionen und Stimmungstiefs macht, aber ich: Ich gieße mir jetzt einen hinter die Binde, und die Welt kann mich mal …

Jürgen Sprenzinger
Dorfstraße 3
86441 Steinekirch

An das Bundeskanzleramt
Frau Angela Merkel
Willy-Brandt-Straße 1

10557 Berlin

Steinekirch, 4. Juni 2010

Sehr geehrte Frau Bundeskanzlerin,

entschuldigen Sie bitte, wenn ich als kleiner, dahergelaufener Bürger Ihnen als
derart hochgestellte Persönlichkeit schreibe, aber ich glaub, wir haben da ein
Problem …

Als Sie die Regierung antraten, sagten Sie, Sie wollen Deutschland dienen. Allerdings habe ich dann festgestellt, dass Sie bis jetzt kein glückliches Händchen dabei
gehabt haben. Dieser Meinung bin nicht nur ich, sondern auch der Schuster Franz,
der Fuchshuber Erwin, der Weindl Markus, der Schönmetzler Hubert und der
Weldishofer Sepp und noch viele andere auch. Wir alle sind im hiesigen Schützenverein und reden natürlich über die Politik und auch über die Politiker und sind zu
dem Schluss gekommen, dass es seit Helmut Schmidt keine wirklich staatsmänni-
schen Figuren mehr gegeben hat.

Ich glaub auch, dass Sie die Basis zum Bürger längst verloren haben, denn wie es
heute dem deutschen Volk wirklich geht, davon hat keiner der Politiker in Ihrem
Kabinett auch nur die geringste Ahnung. Erst neulich hat der Fuchshuber Erwin
gesagt, die Politiker haben nur das große Glück, dass die Deutschen so leidens-
fähig, gutmütig und so doof sind, dass 90 Prozent davon gar nicht merken, wie sie
eigentlich verschaukelt werden und auf welche hinterhältige Art und Weise ihnen
das Geld aus der Tasche gezogen wird. Aber einerseits sind die Menschen selbst
schuld, denn jedes Volk hat die Politiker, die es verdient.

Ihr Sparpaket nutzt gar nichts, damit verärgern Sie nur die Menschen, und die Zeche zahlen die sozial Schwachen – wie immer übrigens. Der Rettungsschirm für den Euro ist ebenfalls Quatsch, weil den Euro nämlich gar keiner wollte und bis heute immer noch nicht will, da er keine Währung ist, sondern eine Krankheit – um es ehrlich auszudrücken: eine Seuche, ein tot geborenes Kind und schon mein Freund aus Amerika, Häuptling Überschwerer Bulle sagte im Jahre 1997 zu mir: „Wenn du merkst, dass du ein totes Pferd reitest, dann steig ab." Aber vom Weigel Theo, der uns dieses Ärgernis aufs Auge gedrückt hat, hört man heute auch nicht mehr viel, vermutlich deshalb auch, weil er zwischenzeitlich gemerkt hat, was er dem deutschen Volk damit eigentlich angetan hat. Auch nicht gerade die feine englische Art: Unsinn machen, abhauen und nicht dafür geradestehen.

Seit Jahren versprechen uns die Politiker alles Mögliche. Spontan fällt mir der Blüm Norbert ein, der vor Jahren steif und fest behauptet hat, die Renten seien sicher. Und der wurde ja später dann auch Mitglied eines humoristischen Rateteams im Fernsehen, soweit ich weiß. Er hatte aber durchaus recht, denn seine Rente war sicher. Aber von dem hört man heute auch nichts mehr. Ist das Zufall? Die Rente ist aus demographischer Sicht her schon nicht sicher, und man hat es dem alten Adenauer, als er sie eingeführt hat, auch gesagt, dass es so auf Dauer nicht funktionieren kann. Er war es aber auch, der die Äußerung getan hat: „Was interessiert mich mein Geschwätz von gestern?", nicht wahr? Dass sich die Bevölkerungsstruktur ändern könnte – davor hat man anscheinend die Augen verschlossen oder war zu kurzsichtig.

Doch liest man in der Geschichte, dann kann man es leicht feststellen: Will ein Staat das Volk weiterhin beherrschen, dann greift er meist zu Täuschung und Betrug – oder zur Irreführung, denn diese Mittel waren schon immer beliebte Instrumente der Herrschenden – zu allen Zeiten. Damit werden dem Volk aber lediglich Wohlstand und Stärke vorgespiegelt, die in Wirklichkeit längst nicht mehr vorhanden sind. Es ist der pure Bluff, wie beim Pokerspiel, nix anderes. Doch kein Politiker hat den Mut, sich hinzustellen und es zu sagen. Warum auch? Er würde sich ja den eigenen Selbstbedienungsladen schließen …

Uns wird immer was von ausgeglichenem Haushalt erzählt – was auch so ein Quatsch ist, denn was, bitteschön, ist denn ein ausgeglichener Haushalt? Das heißt doch nur, dass keine neuen Schulden mehr gemacht werden – davon aber sind wir weit entfernt! Und selbst wenn es so etwas wirklich geben würde, dann, liebe Frau Bundeskanzlerin, sind wir bei einer aktuellen Staatsverschuldung von 1,75 Billionen – und wer zahlt die Zinsen und Zinseszinsen? Nicht die Politiker, nicht die

Regierung – der Bürger zahlt sie. Und nicht nur unsere Generation, sondern auch unsere Kinder und Kindeskinder, denn alle regierenden Parteien haben brav hintereinander die Zukunft unserer Kinder bereits völlig verantwortungslos verpfändet! Und das für die nächsten 130 Jahre. So lange können Sie also gar nie Bundeskanzlerin bleiben, um diesen Schaden zu beheben, denn der Schuldenzuwachs beträgt pro Sekunde 4439 Euro. Das macht allein in einer Stunde gute 15 Millionen. Wenn ich das für einen Tag ausrechnen wollte, hätte mein Taschenrechner schwere Probleme. Und dass das Ganze nicht linear weiterläuft, sondern exponentiell, brauche ich Ihnen sicherlich nicht erklären, schließlich haben Sie Abitur und den Doktortitel, nicht ich.

Schon in den 70er Jahren war Deutschland hoffnungslos verschuldet, und man hat an einen Aufschwung geglaubt, der aber nicht stattgefunden hat, denn ewiges Wachstum gibt es nicht. Wenn Sie ausgewachsen sind und 1 Meter 78 groß, dann wachsen Sie auch nicht weiter, auch wenn man Sie fünfmal täglich gießt und düngt. Sie gehen dann höchstens in die Breite und das ist ungesund. Schauen Sie sich nur einmal um in der Natur, dann werden Sie sehen, dass es dort so ist. Auch die Erdkugel dehnt sich nicht aus. Und dagegen kommt keine Politik der Welt an.

Wir Bürger sind verärgert, enttäuscht und sauer – und das zieht sich durch alle Bevölkerungsschichten. Gehen Sie mal auf die Straße und schauen Sie den Leuten aufs Maul, dann können Sie es selbst sehen.

Wir kritisieren und schimpfen aber nicht nur, sondern wir sind trotzdem kreativ. Neulich haben wir am Stammtisch diskutiert, wie man Deutschland retten kann – und wissen Sie was? Wir haben dazu nur einen Abend gebraucht und zwei Mass Bier. Keine wochenlangen Debatten und keine heiße Luft, sondern bei uns wird Klartext geredet!

Denn eines sollte klar sein: Alle Macht liegt beim Volk, und momentan ist es ein schlafender Bulle – aber wehe, er wacht auf! Und darunter verstehe ich nicht die Großkopferten, sondern das sozial schwache Volk – Hartz IV-Empfänger, Arbeitslose, sozial Benachteiligte, der einfache Arbeiter werden hier geschröpft.

Noch kann man diesen Bullen am Nasenring herum ziehen wie man will, aber kein Mensch weiß, wie lange das noch geht. Wenn sich dieser Bulle bewusst wird, wie viel Kraft in ihm steckt und er wacht eines Tages auf und wird wild, dann aber hallo!

Ich mache Ihnen im Namen unseres Stammtisches folgende Sanierungsvorschläge:

Erklären Sie Deutschland für insolvent – wir sind es nämlich.
Diese Schulden kriegen wir nie mehr los und wenn doch, dann nur über Generationen hinweg, auch wenn wir uns auf den Kopf stellen und mit den Füßen wackeln! Die Lösung heißt Gläubigerverzicht und finanzieller Neuanfang. Wir machen neue Schulden nur wegen der alten Schulden – das ist der reine Irrsinn! Und damit verschärfen wir das Problem Jahr für Jahr und die Schuldenuhr läuft immer schneller.

Schaffen Sie den Euro ab und führen Sie die DM wieder ein – oder eine andere nationale Währung. Kein Mensch braucht einen Euro, der sowieso schwächelt und weiterhin schwächer wird, egal, wie viele Rettungsschirme Sie noch aufspannen. Die Lösung heißt: Nationale Währung und Rückzug aus der EU, denn auch das kostet nur eine Menge Geld und wir brauchen den Mist überhaupt nicht. Die Jungs in Brüssel versuchen ja sogar, Gurken und Schweine zu normieren – so ein Schwachsinn. Die Natur richtet sich nicht nach EU-Vorschriften. Und sonst? Sonst haben wir keine Probleme, nicht wahr?

Verstaatlichung aller Banken, nur der Staat darf Geld drucken und in Umlauf bringen. Damit haben Sie Kontrolle über den Geldfluss und können die Sache steuern.

Ändern Sie endlich dieses weltweit komplizierteste, marode Steuersystem und schaffen Sie alle einkommensbezogenen Steuern ab, denn zwischenzeitlich haben wir nicht nur eine Doppelversteuerung, sondern eine drei- und vierfache Versteuerung. Und irgendwann zahlen wir auch noch Steuern für die Steuern oder es wird sogar noch die Länge des ehelichen Geschlechtsverkehrs besteuert. Welch Unsinn – und außerdem schmälert es die Kaufkraft der Bürger enorm. Was glauben Sie denn, wie die Leute konsumieren würden, wenn sie mehr Geld in der Tasche hätten?! Dann liefe die Wirtschaft wieder wie geschmiert. Erhöhen Sie statt dessen die Mehrwertsteuer auf 30 Prozent. Dann hat es der Bürger selbst in der Hand, wie viel Steuern er bezahlt. Kurz und gut: Wer mehr frisst, zahlt mehr. So einfach ist das.

Schaffen Sie Hartz IV und ähnlichen Schwachsinn endlich ab, der den Menschen das Gefühl gibt, Almosenempfänger zu sein und zu einem sozial minderwertigen Mitglied macht. Streichen Sie alle Zuwendungen wie Kindergeld, Rente usw. und führen Sie an deren Stelle das bedingungslose Grundeinkommen ein. Dann sollten Sie mal sehen, was passiert! Die Leute würden sich deshalb nicht auf die faule Haut legen – im Gegenteil! Denn Arbeit ist eine natürliche, gottgegebene Verpflichtung gegenüber Gesellschaft und Familie – das war schon in der Steinzeit so – und auch wenn Ausnahmen die Regel bestätigen: Der Großteil der Bevölkerung arbeitet gerne, liebe Frau Bundeskanzlerin! Und ich meine, dann aber mit mehr Spaß und ohne Druck. Fazit: Kreativitätssteigerung und ein wesentlich verbessertes, menschliches Miteinander. Ein Vorschlag: Jeder Politiker, der ein hohes Amt bekleiden will, sollte vorher ein halbes Jahr unerkannt Hartz IV-Empfänger sein müssen – mit allen Begleiterscheinungen – dann wüsste er, mit welchen Problemen die sozial Schwachen zu kämpfen haben, und er könnte feststellen, dass Hartz IV nichts anderes ist als offener Strafvollzug!

Schaffen Sie die Bundeswehr ab, weil das nämlich ein ganz alter Hut ist und Geld kostet, das wir nicht haben. Kein Mensch braucht so was heute noch. Wissen Sie, warum? Weil wir rundum von Atommächten umgeben sind, weil es immer noch weltweit 27.000 Atomsprengköpfe gibt, und wenn es wirklich ernsthaften Knatsch geben sollte, ist das kleine Deutschland sehr schnell pulverisiert und das ohne Rücksicht auf Verluste. Da sieht die Bundeswehr dann ziemlich hohl aus. Seit ich auf der Welt bin, und das sind nun 60 Jahre, mussten wir uns noch nie militärisch verteidigen. Wir hätten uns vielmehr gegen die Auswüchse des Kapitalismus verteidigen sollen, dann stünden wir heute nicht da, wo wir sind.

Misten Sie den Bundestag aus. Lobbyisten und Wirtschaftsbosse haben in der Politik nichts zu suchen, denn sie sind es, die Sie regieren, Frau Bundeskanzlerin, und Sie in Ihren Entscheidungen behindern! Wir im kleinen Deutschland haben mehr Abgeordnete als die Vereinigten Staaten von Amerika! Was soll dieser ganze Unsinn, den letztlich der Bürger bezahlen muss?

Geben Sie den Bürgern ihre Freiheit wieder! Deutschland ist längst zum Überwachungsstaat mutiert, und man sollte sich fragen, ob wir die DDR übernommen haben oder sie uns. Dies mit dem Argument der Terrorismusbekämpfung zu untermauern, ist völlig unsinnig, denn so viele Terroristen, die diesen überdimensionalen „Schutz" rechtfertigen würden, gibt es überhaupt nicht, und vieles, was als Schutz deklariert wird, wurde allein zur Überwachung des Bürgers inszeniert. Bisher gab es in Deutschland in neuerer Zeit noch keinen einzigen terroristischen Anschlag. Meiner Meinung nach hat hier ein ehemaliger Innenminister sein persönliches Trauma ausgelebt – und das ist weitaus gefährlicher als die El Kaida. Ich sage Ihnen auch, weshalb: Die El Kaida überwacht keinen Internet- und Emailverkehr, auch keine Telefongespräche, sie beabsichtigt nicht, Nacktscanner zu installieren, sie verlangt keine Fingerabdrücke im Ausweis, macht keine DNA-Analysen und schafft auch kein Bankgeheimnis ab. So aber steht Deutschland laut Polizei-Rating an zehnter Stelle der Überwachungsstaaten, obwohl 99,99 % aller Deutschen vermutlich keine Terroristen sind.

Liebe Frau Bundeskanzlerin Merkel, ich weiß – die Demokratie ist von allen schlechten Staatsformen immer noch die beste, doch wir Deutschen sind leider nicht die besten Demokraten, denn ich bin der Meinung, dass Demokratie Menschen braucht, die engagiert sind und willens, ihr Leben in den Griff zu bekommen und selbst in die Hand zu nehmen, die weise, liebevoll und vor allem mit vollem Verstand entschlossen handeln. Und dahin gehend sollte die Politik einwirken – diesbezüglich sollte sie Vorbild sein. Doch leider sind wir sehr, sehr weit entfernt davon, und deshalb ist der Zerfall dieses Sozialstaates leider nur noch eine Frage der Zeit – die im Übrigen immer schneller läuft …

Sollten Sie uns das Gegenteil beweisen können, bin ich gerne im Unrecht. Und Sie würden dann vermutlich als die „Kanzlerin des Jahrtausends" in die Geschichte eingehen.

Für Sie dennoch alles Gute.

Mit den besten Grüßen aus Bayern

 Bundeskanzleramt

 Freiheit Einheit Demokratie

Bundeskanzleramt, 11012 Berlin

Herrn
Jürgen Sprenzinger
Dorfstraße 3
86441 Steinekirch

HAUSANSCHRIFT Willy-Brandt-Straße 1, 10557 Berlin
POSTANSCHRIFT 11012 Berlin
TEL +49 30 18 400-0
FAX +49 30 18 400-2357
E-MAIL poststelle@bk.bund.de

012 – K 501 839/10/0001   Berlin, 17. Juni 2010

Sehr geehrter Herr Sprenzinger,

Bundeskanzlerin Dr. Angela Merkel hat mich gebeten, Ihnen für Ihr Schreiben vom 4. Juni 2010 zu danken. Haben Sie bitte Verständnis dafür, dass es der Bundeskanzlerin leider nicht möglich ist, Ihnen persönlich zu antworten. Dies lässt die ungewöhnlich große Zahl von Zuschriften mit ebenfalls ernst zu nehmenden Anliegen nicht zu.

Auch ist es nicht immer möglich, auf jeden dieser Briefe intensiv einzugehen und eine ausführliche Antwort zu übersenden. Dies gilt vor allem für Briefe, in denen spezielle Fachfragen (für die gemäß unserer Verfassung die einzelnen Bundesminister zuständig sind) oder gleichzeitig viele Einzelthemen angesprochen werden.

Sie dürfen jedoch sicher sein, dass die Bundeskanzlerin den Meinungs- und Willensäußerungen der Bürger, die sich auf diesem Weg an sie wenden, große Aufmerksamkeit widmet, weil sie für die Bundeskanzlerin wertvolle Orientierungshilfen sind. Alle Hinweise werden daher soweit wie möglich in die Arbeit einbezogen.

Mit freundlichen Grüßen

Christiane Loosen

Nachtrag

Die Frage, die sich mir hier stellt: Was sagt diese Antwort nun aus? Darüber könnte man nachdenken. Tatsache dürfte sein: Es wird sich nichts ändern, solange das Volk zuschaut und die schweigende Mehrheit weiterschläft ...

Umfrage

Sehr geehrte Leserin, sehr geehrter Leser,

wie Sie sicherlich bereits bemerkt haben, bin ich Schriftsteller und kein Meinungsforscher. Ich hoffe, dass dies auch in Zukunft so bleibt. Garantieren will ich allerdings für nichts. Dennoch hätte ich ein paar Fragen an Sie, und es wäre sehr nett von Ihnen, wenn Sie mir diese beantworten würden. Ich habe nämlich vor, einen „Behördenreduzierungsverein" zu gründen, und bin deshalb auf die Meinungen meiner Leser angewiesen.

Bitte kopieren Sie die nebenstehende Buchseite mit den Fragen, damit Sie sie nicht aus dem Buch reißen müssen.

Die Antworten schicken Sie bitte an meine Adresse. Die ersten zehn Einsender erhalten je ein Freiexemplar und ein gebrauchtes Schweißtuch eines Beamten.

Viel Erfolg!

Fragebogen „Behördenreduzierungsverein"

Sind Sie der Ansicht, dass es viel zu viele Behörden gibt?	☐ Ja	☐ Nein
Sind Sie davon überzeugt, dass in einer Behörde die rechte Hand immer weiß, was die linke tut?	☐ Ja	☐ Nein
In Deutschland gibt es Tausende von Behörden und Bundesverbänden. Sind Sie sicher, dass alle davon eine Existenzberechtigung haben und zum Wohle der Bürger nötig sind?	☐ Ja	☐ Nein
Sind Sie der Ansicht, dass wir zu viele Beamte haben, die nur verwalten, ansonsten aber unproduktiv sind, am Bruttosozialprodukt überhaupt keinen Anteil haben und den Steuerzahler nur Geld kosten?	☐ Ja	☐ Nein
Glauben Sie, dass Beamte Menschen so wie du und ich sind?	☐ Ja	☐ Nein
Könnten Sie sich vorstellen, die Zahl der Beamten zu reduzieren und sie vernünftig einzusetzen?	☐ Ja	☐ Nein
Haben Sie persönlich schon mal einen Beamten arbeiten sehen?	☐ Ja	☐ Nein
Falls „Ja", hier bitte den Ort und die Art der Tätigkeit eintragen:		
Hatten Sie schon mal Schwierigkeiten mit einer Behörde?	☐ Ja	☐ Nein
Falls „Ja", bitte Zutreffendes unterstreichen: Finanzamt – ARGE – Landratsamt – Amt für öffentliche Ordnung – Kartellamt – Bundesverband der Astronauten – Kultusministerium – Luftfahrtbundesamt – Statistisches Bundesamt für Gänseblümchen		